À LA TABLE DES

BRIDGERTON

Le guide officiel pour savoir cuisiner
et recevoir en société

À LA TABLE DES

BRIDGERTON

Le guide officiel pour savoir cuisiner
et recevoir en société

Emily Timberlake

Photographies de Lizzie Munro
Recettes de Susan Vu

Flammarion

Sommaire

CHAPITRE 4

Dîner au bal des Featherington 93

CHAPITRE 5

Le salon de perdition de Lady Danbury 127

Introduction

« Je me suis laissé dire que Miss Patridge exigeait de grandes quantités de sucre pour son thé du matin, et que Lord Abernathy refusait de manger sa viande si elle n'était pas bien cuite alors que Lady Abernathy, elle, ne la consomme que saignante. »

—Lady Violet Bridgerton, à sa gouvernante

Pour les membres de la haute société anglaise, la vie est une succession ininterrompue de visites matinales, de déjeuners en plein air, de dîners, de bals et de toutes sortes d'événements mondains. Pour la plupart d'entre nous, cela ressemble à une vie de rêve : voleter de fête en fête, en s'arrêtant de temps en temps chez la couturière pour récupérer une nouvelle robe ou chez Gunter pour un thé et une coupe glacée. Mais demandez à n'importe quelle mère ambitieuse et elle vous répondra que l'art de recevoir (et d'être reçu) n'est pas un sujet trivial. Des vies, des fortunes et le caractère sacré du lignage des familles historiques en dépend.

Au cœur de tout cela, la saison mondaine de Londres est l'opportunité pour les plus puissantes familles de la ville de forger des alliances. « La plupart des mariages de la noblesse ne sont en réalité que de simples transactions, ma chère », confiait Lady Danbury à Kate Sharma. Mais contrairement aux avocats et aux banquiers, les membres de l'aristocratie anglaise n'ont pas de bureaux. Leurs affaires se règlent lors de promenades dans Hyde Park, autour d'une tasse de thé dans les salons de Mayfair ou lors de parties de chasse à la campagne.

Les enjeux de chaque réception, même la plus modeste, sont par conséquent extrêmement élevés. Être une mauvaise hôtesse n'est tout simplement pas une option. Si votre limonade est trop sucrée (ou pas assez), que vos tourtes à la viande sont trop sèches ou que votre buffet de desserts n'est pas assez opulent, les gens ne manqueront pas d'en parler. Pire que cela, ils pourraient même prendre congé avant la fin et refuser les invitations suivantes.

Le fait que les familles ayant les meilleurs cuisiniers aient également les vies mondaines les plus heureuses et les plus solides n'est donc pas une coïncidence. Quand vos convives doivent choisir entre deux invitations à un petit déjeuner, pouvoir invariablement leur offrir une délicieuse tasse de thé vous donnera un avantage non-négligeable. Si vous pouvez également l'accompagner de Choux à la crème (page 121) et de Scones au bacon croustillant (page 137), alors leur présence est quasiment garantie.

Le livre que vous tenez entre vos mains contient les secrets des meilleurs hôtes et hôtesses de la bonne société londonienne. Leurs cuisiniers ont généreusement partagé plus de quarante recettes afin de vous aider à créer votre propre soirée dans le style « Bridgerton ». En effet, personne ne connaît mieux les secrets des Carrés à la crème de mûres et d'agrumes (page 143) que Lady Danbury. Quant aux Pommes Anna miniatures de Violet Bridgerton (page 27), elles ne sont rien de moins que légendaires. Apprenez comment réaliser un Masala Chai très parfumé (page 85) à la Kate Sharma, et peut-être aurez-vous la chance, comme elle, de voir un vicomte tomber amoureux de vous.

En plus des recettes, vous trouverez dans les pages qui suivent des encadrés qui démystifieront certaines des règles les plus obscures de la haute société anglaise. Si ces règles semblent compliquées, c'est en grande partie à dessein. Elles permettent d'identifier facilement les intrus qui ne savent pas comment faire la révérence ou distinguer une comtesse d'une vicomtesse. Mais grâce à ce guide, vous pourrez naviguer avec aisance dans les réceptions les plus huppées.

Si ce livre vous donne envie de rassembler autour de vous tous vos proches, alors le travail sera fait. Peu importe que vous célébriez un anniversaire, des fiançailles, le lancement de la nouvelle saison mondaine ou tout simplement la fin d'une longue semaine de travail : quelle que soit l'occasion, les recettes proposées ici vous garantiront un bon moment.

Que vos réceptions soient délicieuses, appréciées de tous et fructueuses !

1

Visite matinale chez les Bridgerton

« Demandez au cuisinier de préparer autant de biscuits que possible ce matin… Je me demande bien quel gentleman sera le premier à se présenter. »

– Daphné Bridgerton

Lady Violet Bridgerton est une optimiste. Voilà pourquoi sa table de petit déjeuner croule sous les biscuits, les scones, les cakes, les brioches, les fruits et les canapés tout au long de la saison mondaine, en particulier les lendemains de bals. Violet ne prendrait jamais le risque de se retrouver avec une table vide, ou même seulement à moitié vide, alors qu'une horde de célibataires piaffe d'impatience sur le pas de sa porte. Et si les prétendants de sa fille manquent d'appétit, elle peut toujours compter sur les enfants de la famille pour faire un sort aux restes. Quand il est question d'affaires de cœur ou de petit déjeuner, Lady Bridgerton pense qu'il est toujours préférable d'en faire trop.

Les biscuits des Bridgerton vous aideront-il à construire une histoire d'amour solide ? Impossible à dire. Mais même si vous n'êtes pas encore prêt pour le mariage, un bon petit déjeuner vous donnera l'énergie nécessaire pour affronter la journée. Et si quelques amis ou de potentiels amoureux s'arrêtent pour le partager avec vous, tant mieux !

ORGANISEZ VOTRE

Brunch

Bien que, sous la Régence, de nombreux petits déjeuners ne proposent rien de plus que des toasts, du beurre et un bon pot de confiture, certains matins méritent un peu plus de faste et de cérémonial. Même si vous n'attendez aucun prétendant, le brunch du dimanche peut être idéal après un événement spécial : quoi de mieux en effet pour commenter à loisir la soirée de la veille ? Et qui sait, peut-être votre brunch deviendra-t-il lui aussi l'événement dont tout le monde cause.

DÉCOR

Plutôt qu'un traditionnel repas à table, servez votre brunch sous forme de buffet. Vous pourrez ainsi profiter librement de vos invités.
Si le temps le permet, installez votre table près d'une fenêtre afin de jouir de la chaleur et de la lumière du soleil matinal. Disposez les sets de table, les serviettes, les couverts et les verres, puis installez une pile d'assiettes à l'une des extrémités du buffet sur lequel vous proposerez vos différents plats. N'oubliez pas d'ajouter une jolie corbeille d'agrumes ou de fruits ainsi qu'un bouquet simple et coloré qui contribueront à installer une ambiance joyeuse.

MENU

L'idéal est de prévoir trois ou quatre plats, dont certains peuvent être réalisés (ou au moins préparés) la veille et d'autres qui sont servis directement à la sortie du four. Assurez-vous de mélanger mets salés et sucrés, et accompagnez toujours vos brunchs d'une corbeille de fruits frais de saison. Si le nombre d'invités est important, il est préférable de créer un espace où ils pourront se servir eux-mêmes le thé et le café. En plus du lait, du sucre et des tranches de citron, vous pouvez offrir à vos convives des éléments plus originaux, comme le miel à la vanille utilisé dans la recette du London Latte (page 33) ou le Sirop de mélasse et de sucre roux (page 151). Évidemment, pas de table de petit déjeuner sans carafe de jus de fruits frais. En revanche, à vous de décider si vous souhaitez compléter votre offre de boissons avec du vin pétillant (retrouvez la recette du Cocktail pétillant page 29).

À travers l'Histoire, de bien avant la Régence à nos jours, le même fléau a frappé et frappe encore les réceptions tout autour du monde : le retard. Il n'y a rien de pire que de voir votre repas si soigneusement préparé refroidir parce que les invités se mettent à table vingt minutes plus tard que prévu.
Mais lorsqu'il s'agit de petits déjeuners ou de brunch, l'inverse est souvent vrai : certains de vos convives se présenteront à l'heure, mais d'autres, poussés par un besoin désespéré de nourriture et de caféine, arriveront en avance. Alors préparez-vous pour l'heure annoncée, mais attendez-vous également à un éventuel coup de sonnette… une demi-heure trop tôt. Si l'oiseau matinal est une personne que vous connaissez bien, demandez-lui de vous aider ! Vous pouvez lui confier une tâche simple (couper les citrons ou ciseler la ciboulette) afin de l'occuper et de lui donner l'impression d'être utile. Vous pouvez également saluer vos convives avec enthousiasme, leur offrir une tasse de leur boisson préférée et les inviter à se prélasser dans le canapé ou dans le jardin le temps que vous finissiez vos préparatifs.

CRUMPETS ET BEURRE SALÉ AU MIEL

Pour 10 à 14 crumpets, selon leur taille

BEURRE SALÉ AU MIEL

165 g de beurre doux à température ambiante

40 à 60 g de miel + 1 filet pour la décoration

5 g de fleur de sel

CRUMPETS

15 g de beurre doux

475 ml d'eau, et un peu plus pour délayer la pâte

120 ml de lait entier

10 g de miel

7 g de levure sèche de boulanger

175 g de farine T55

105 g de farine T65

10 g de levure chimique

7 g de fleur de sel

De l'huile végétale pour la poêle et les cercles

Un pot de confiture ou de marmelade pour le service

MATÉRIEL NÉCESSAIRE

4 cercles à tartelettes d'environ 9 cm de diamètre

Un crumpet est un petit pain rond cuit au gril, similaire à ce que les Américains appellent « English muffins ». Violet Bridgerton n'en a encore jamais goûté de meilleurs que ceux de sa cuisinière : à la fois moelleux et légèrement spongieux, avec juste ce qu'il faut d'alvéoles pour se gorger de beurre et de confiture.

Notes du cuisinier : si vous n'avez pas de cercles, vous pouvez utiliser un grand couvercle de bocal ou une boîte de thon vidée et bien nettoyée pour créer la forme ronde.

POUR LE BEURRE SALÉ AU MIEL

Dans un petit bol, mélangez le beurre mou, 40 g de miel et le sel jusqu'à l'obtention d'une consistance crémeuse. Goûtez et ajustez l'assaisonnement miel/sel selon votre goût. Réservez à température ambiante.

POUR LES CRUMPETS

Dans une petite casserole sur feu moyen, faites fondre le beurre 2 minutes environ, jusqu'à ce qu'il commence à mousser. Retirez du feu, ajoutez 360 ml d'eau et le lait puis mélangez. La chaleur de la casserole devrait suffire à tiédir le mélange. Ce dernier est trop chaud, laissez refroidir jusqu'à ce qu'il soit tiède. Réservez pendant la préparation de la levure boulangère.

Dans un petit bol, mélangez les 60 ml d'eau restants et le miel. Saupoudrez la levure boulangère par-dessus, mélangez puis réservez environ 2 minutes, jusqu'à ce que le mélange commence à mousser.

Dans un grand saladier, mélangez les farines T55 et T65. Ajoutez la préparation à base de levure boulangère et le liquide tiédi. Battez vigoureusement avec un fouet pendant 3 minutes.

Couvrez le saladier et réservez environ 45 minutes, jusqu'à ce que la pâte ait légèrement levé et qu'une fine écume se soit formée sur le dessus. Battez à nouveau la pâte jusqu'à ce qu'elle ait la consistance d'une pâte à crêpes fluide. Ajoutez la levure chimique et le sel. Réservez environ 20 minutes, jusqu'à ce que de petites bulles se forment à la surface.

Faites chauffer une poêle en fonte assez large sur un feu moyen à vif. Trempez une feuille de papier absorbant dans l'huile et badigeonnez la poêle. Tout le fond doit être recouvert d'une très fine couche d'huile. Huilez ensuite l'intérieur des cercles à tartelettes et placez-les dans la poêle. Battez encore une fois la pâte afin de la détendre, puis remplissez chaque cercle avec 55 à 75 g de pâte (selon l'épaisseur désirée).

☛ Laissez cuire exactement 3 minutes, puis baissez à feu moyen et laissez cuire 7 à 10 minutes, jusqu'à ce que les bulles sur le dessus des crumpets éclatent, que les bords commencent à prendre et que les fonds soient bien dorés. Ajustez la chaleur si les fonds brunissent trop vite. Déplacez les moules plusieurs fois pendant la cuisson afin de vous assurer que les crumpets n'accrochent pas. Retournez-les avec des pinces et augmentez le feu (entre moyen et vif). Faites cuire la seconde face 3 à 6 minutes, jusqu'à ce qu'ils soient complètement cuits à cœur. Transférez les crumpets sur une volette (la face avec les trous doit être apparente).

☛ Répétez la méthode avec la pâte restante en la délayant avec 1 ou 2 cuillerées à café d'eau entre chaque fournée. Cela permettra à la pâte de garder sa fluidité et de continuer à faire des bulles même si elle repose. Huilez la poêle et les cercles entre chaque fournée.

☛ Une fois les derniers crumpets cuits, laissez-les tiédir pendant au moins 10 minutes avant de servir. S'ils sont complètement froids, passez-les au four en mode grill à 180 °C pendant 7 à 10 minutes, jusqu'à ce qu'ils soient chauds et croustillants. Servez avec le beurre salé au miel et votre confiture de fruits préférée ou tout simplement nappés de miel.

BISCUITS AU CITRON MEYER ET AUX GRAINES DE PAVOT

« La cour la plus rapide à laquelle nous n'ayons jamais assisté a eu lieu pendant la saison si incroyablement humide de 1804, quand Miss Mary Leopold a obtenu une demande en mariage au-dessus d'une assiette de dragées et de réglisse en moins de quatre minutes et demi. »
—Lady Whistledown

Pour 32 biscuits environ

90 ml de lait + 1 cuillerée à soupe

30 ml de jus de citron Meyer

140 g de farine T55
+ poignée pour le moule

140 g de farine
semi-complète T110

7 g de levure chimique

15 g de graines de pavot

3 g de sel fin

110 g de beurre doux
à température ambiante

120 g de sucre glace

15 g de zeste de citron Meyer
finement râpé

MATÉRIEL NÉCESSAIRE

Un emporte-pièce de 7,5 cm
en forme de cœur

Si le marché matrimonial avaient un quartier général officiel, ce serait sans aucun doute le salon de thé Gunter. Cet endroit est le centre névralgique de la plupart des histoires de cœur de la bonne société anglaise, qu'il s'agisse des plus célèbres ou des plus rapides. En effet, quoi de mieux qu'un bon petit gâteau, généreux en sucre, pour mettre hommes et femmes dans de bonnes dispositions matrimoniales ? Si vous ne pouvez pas obtenir ceux de Berkeley Square, essayez de préparer ces délicieux biscuits chez vous. Ils accompagneront à la perfection une tasse de thé Earl Grey tout en étant une alternative plus saine à tout ce que vous pourriez trouver dans la vitrine de Gunter.

☛ Dans un petit bol, mélangez le lait et le jus de citron. Réservez pendant 10 minutes. Le lait devrait cailler et obtenir la consistance du babeurre. Dans un saladier, mélangez les farines T55 et T110, la levure, les graines de pavot et le sel. Réservez.

☛ Dans un autre saladier, mélangez le beurre, le sucre glace et les zestes de citron. Utilisez un mixeur plongeant à petite vitesse pour lier les ingrédients jusqu'à l'obtention d'une pâte lisse. Ajoutez le mélange de farines et mixez à nouveau pour obtenir une pâte granuleuse, dans laquelle subsistent de petits éclats de beurre. Versez le lait en filet et mixez à nouveau jusqu'à ce que la pâte devienne sableuse. Inutile de trop mixer : si la farine n'est pas complètement incorporée, ce n'est pas un problème. Pétrissez ensuite la pâte à la main directement dans le bol jusqu'à ce qu'elle redevienne lisse. Divisez la pâte en deux puis placez chaque moitié sur une feuille de film alimentaire. Formez à la main des disques d'environ 2,5 cm d'épaisseur, enveloppez-les dans le film et placez-les au réfrigérateur pendant 30 minutes. La pâte va durcir légèrement et sera plus facile à couper.

☛ Préchauffez le four à 180 °C. Recouvrez deux plaques à pâtisserie de papier cuisson et mettez-les de côté.

→

☛ Farinez généreusement votre plan de travail puis étalez l'un des disques de pâte sur une épaisseur d'environ 3 mm. Farinez légèrement un emporte-pièce de 7,5 cm en forme de cœur et découpez seize biscuits, en reformant une boule de pâte et en l'abaissant à nouveau chaque fois que nécessaire. N'hésitez pas à fariner votre pâte et votre plan de travail plus que nécessaire afin d'éviter qu'elle ne colle. Vous pourrez ensuite retirer la farine superflue de vos biscuits en les brossant avec une petite brosse en soie.

☛ Placez vos biscuits sur l'une des plaques recouvertes de papier cuisson. La pâte ne va pas couler, vous pouvez donc les positionner les uns à côté des autres, à condition qu'ils ne se touchent pas. Piquez les biscuits avec une fourchette et enfournez-les 20 à 25 minutes, jusqu'à ce que les côtés et le dessous commencent à brunir et que le dessus soit cuit, en tournant la plaque au bout de 10 minutes.

☛ Pendant que la première fournée est en train de cuire, occupez-vous de la deuxième moitié de pâte et placez les biscuits sur la seconde plaque à pâtisserie.

☛ Retirez les biscuits du four et laissez-les refroidir sur la plaque. En refroidissant, ils vont devenir bien croustillants. Répétez le processus de cuisson et de refroidissement avec la deuxième fournée. Servez avec votre thé favori. Vous pourrez conserver les biscuits restants pendant 7 jours dans une boîte hermétiquement fermée à température ambiante.

QUICHE SANS CROÛTE AUX POIREAUX CARAMÉLISÉS, JAMBON ET CHEDDAR

Pour 8 à 10 pièces

20 g de beurre doux
+ une noisette pour le plat

1 gros poireau

Sel et poivre du moulin

225 g de jambon d'York
(ou autre jambon blanc)
coupé en petits dés épais

115 g de cheddar anglais
(ou à défaut de mimolette
ou de cantal) coupé en petits dés

8 gros œufs

160 ml de crème fraîche épaisse

45 g de persil finement ciselé

Une pincée de piment
de Cayenne

Cette quiche est une célébration de plusieurs des produits culinaires emblématiques d'Angleterre : les poireaux, qui envahissent les champs du début de l'automne à la fin de l'hiver, le jambon d'York et le cheddar. Ces ingrédients, combinés aux œufs frais fermiers et cuits dans un plat à tourte, vous offriront la plus aromatique des quiches, idéale pour un brunch.

Notes du cuisinier : pour remplacer le jambon, vous pouvez utiliser n'importe quelle viande déjà cuite. Pour varier les plaisirs, twistez la recette avec des saucisses fumées, un effiloché de poulet ou des restes de rôti. Vous pouvez également préparer une version végétarienne en remplaçant la viande par des champignons ou des légumes rôtis. Si vous préférez offrir à vos convives des petites quiches individuelles, versez la préparation dans des petits moules à muffins antiadhésifs et faites cuire environ 25 minutes, jusqu'à ce qu'elles soient bien dorées et la pâte cuite à cœur.

☛ Placez une feuille de cuisson sur une plaque à mi-hauteur de votre four et faites-le préchauffer à 180 °C. Beurrez un plat à tourte de 24 cm de diamètre et réservez.

☛ Coupez la partie vert foncé des poireaux ainsi que les radicelles, puis coupez-les en quatre dans le sens de la longueur. Émincez finement chaque quart en petits morceaux de 3 mm d'épaisseur. Transférez le poireau émincé dans un saladier, remplissez-le d'eau froide et séparez les feuilles à la main afin de bien les nettoyer. Égouttez et répétez cette étape jusqu'à ce que les poireaux soient parfaitement propres, puis séchez-les avec soin.

☛ Dans une poêle à feu moyen, faites fondre la moitié du beurre. Ajoutez les poireaux, salez et poivrez puis laissez cuire environ 15 minutes en remuant régulièrement avec une cuillère en bois, jusqu'à ce que les feuilles soient bien tendres. Transférez les poireaux dans un bol puis augmentez le feu et ajoutez le reste de beurre. Une fois le beurre fondu, ajoutez le jambon et laissez-le rôtir environ 5 minutes en le remuant régulièrement. Certains jambons peuvent rendre de l'eau, ce qui empêche la viande de colorer. Pas de panique : videz délicatement l'excédent de liquide sur un papier absorbant et poursuivez la cuisson jusqu'à coloration de la viande. Réservez-la dans le même bol que les poireaux.

☞ Répartissez la moitié du cheddar au fond de votre plat puis recouvrez-le avec les poireaux et le jambon. Dans un saladier, mélangez les œufs, la crème fraîche, le persil, le piment de Cayenne et 4 g de sel. Battez l'ensemble jusqu'à l'obtention d'une pâte homogène. Versez cet appareil dans le plat puis parsemez le reste du cheddar sur la quiche. Enfournez et laissez cuire 40 à 50 minutes, jusqu'à ce que la quiche soit cuite à cœur (un testeur à cake ou une simple pique en bois enfoncés au centre de la quiche doivent ressortir propres) et légèrement dorée sur les bords (faites pivoter votre plat au bout de 20 minutes afin que la cuisson soit bien homogène). Sortez le plat du four et déposez-le sur une grille.

☞ Utilisez une petite spatule en caoutchouc ou un couteau à beurre pour décoller les bords de la quiche du plat. Laissez-la refroidir au moins une demi-heure (plus elle sera froide, plus vous aurez de facilités à la couper en petits morceaux), puis utilisez un couteau à dents pour la découper en tranches afin que vos invités n'aient plus qu'à se servir.

TOASTS AU HARENG

« Des harengs sur du pain de seigle ont fait
des merveilles pour moi quand j'ai conçu mon Nigel. »
— Lady Berbrooke

Pour 16 pièces environ

2 belles échalotes, coupées en rondelles d'environ 2 mm de large

30 g de sucre en poudre

7 g de fleur de sel

3 g de graines de moutarde jaune

120 ml de vinaigre de vin rouge

80 ml d'eau

80 g de mayonnaise de bonne qualité

10 g de moutarde anglaise (type Savora)

30 g de céleri finement ciselé

10 g de câpres égouttées et émincées

5 g d'aneth frais finement ciselé, plus quelques brins pour la décoration

20 g d'oignons cébettes émincés finement

Du poivre noir fraîchement moulu

90 à 105 g de filets de harengs bien égouttés

45 g de beurre doux fondu

8 tranches de pain de mie, sans croûte et coupées en triangle

Le hareng est l'un des mets préférés des ambitieuses mères de la haute société londonienne qui aspirent à devenir grand-mères. À vous de voir si vous voulez croire ou non au bénéfice de la consommation de ce poisson sur la fertilité, mais l'auteur de ce livre n'a pour sa part jamais entendu parler d'immaculées conceptions ayant été aidées par la consommation de hareng. Violet Bridgerton, elle, propose systématiquement une salade à base de ce fantastique poisson gras sur sa table de brunch pour la simple et bonne raison qu'il est délicieux, surtout servi sur une tranche de pain fraîchement grillée.

Notes du cuisinier : les filets de hareng se trouvent facilement chez le poissonnier ou au rayon poisson de votre supermarché. Si par malheur vous n'en trouviez pas, vous pouvez le remplacer par du haddock, de la truite ou du saumon fumé.

☛ Placez les rondelles d'échalotes dans un récipient résistant à la chaleur.

☛ Dans une petite casserole, mélangez le sucre, le sel, les graines de moutarde, le vinaigre de vin rouge et l'eau. Portez à ébullition et laissez cuire ensuite à feu moyen pendant environ 5 minutes, en remuant régulièrement, jusqu'à ce que le sucre et le sel se soient complètement dissous.

☛ Versez le vinaigre chaud sur les échalotes et mélangez. Laissez ensuite les pickles d'échalotes refroidir à température ambiante pendant au moins 1 heure.

☛ Pour réaliser la salade de poisson, mélangez dans un saladier la mayonnaise, la moutarde, 15 ml de la saumure utilisée pour faire les pickles d'échalotes, le céleri, les câpres, l'aneth, les oignons cébettes et quelques grains de poivre noir. Incorporez à ce mélange les filets de harengs. Goûtez et assaisonnez à votre convenance. Couvrez et réservez le plat au réfrigérateur pendant que vous faites griller le pain.

☛ Préchauffez votre four à 165 °C.

☛ Faites chauffer une large poêle en fonte à feu moyen. Beurrer les tranches de pain des deux côtés et faites-les dorer dans la poêle chaude, 2 minutes sur chaque face. Transférez les tranches de pain sur une plaque de cuisson en enfournez-la pendant 10 minutes, jusqu'à ce que le pain soit bien croustillant. Sortez ensuite le pain du four et laissez-le refroidir pendant 5 minutes.

☛ Pour le service, répartissez la salade de poisson sur les toasts et décorez-les avec les pickles d'échalotes et les brins d'aneth restants.

POMMES ANNA MINIATURES

Pour 12 pièces environ

85 g de beurre doux
+ une noisette pour les moules

Un brin de romarin frais

2 gousses d'ail finement émincées

680 g de pommes de terre à chair ferme (12 à 16 petites pommes de terre)

Sel et poivre du moulin

55 g de gruyère râpé

Quelques brins de ciboulette finement ciselés

Les Pommes Anna sont un classique de la cuisine française, sorte de gâteau de pommes de terre finement tranchées et empilées en forme de rosace. Le résultat final est à couper le souffle, mais la technique est un peu compliquée. Ces versions miniatures sont aussi délicieuses que l'original, mais bien moins difficiles à réaliser. Pour les rendre vraiment irrésistibles, n'hésitez pas à y ajouter une bonne cuillerée de crème fraîche surmontée d'un peu de caviar.

Préchauffez votre four à 180 °C. Beurrez généreusement un moule à petits muffins (12 pièces) et réservez.

Dans une petite casserole, mélangez le beurre, les brins de romarin ciselés et les gousses d'ail émincées, puis faites chauffer à feu moyen. Laissez cuire 3 minutes environ, en remuant régulièrement, jusqu'à ce que le beurre soit complètement fondu et commence à mousser sur les bords. Retirez la casserole du feu et réservez.

À l'aide d'une mandoline, découpez les pommes de terre en rondelles de 2 mm d'épaisseur. Transférez-les dans un grand saladier, salez et poivrez puis ajoutez le beurre fondu. Mélangez bien afin que toutes les pommes de terre soient totalement recouvertes.

Placez une rondelle de pomme de terre au centre de chaque moule à muffins. Ajoutez d'autres rondelles en les faisant légèrement se chevaucher, comme les pétales d'une fleur. Cette première couche sera le dessus de vos Pommes Anna, alors prenez le temps de les arranger afin que le résultat soit bien net. Répartissez un quart du gruyère râpé dans les moules, puis recouvrez le fromage d'une autre couche de pommes de terre avant de répartir à nouveau du gruyère. Répétez ces étapes encore deux fois. Finissez le montage de vos Pommes Anna par une couche de pommes de terre en utilisant toutes celles qu'il vous reste.

Une fois les moules à muffins remplis, utilisez le fond d'un verre pour presser chaque gratin de manière à ce qu'ils soient bien plats sur le dessus et compacts. Recouvrez les moules d'une feuille de papier aluminium, placez-les sur la plaque et enfournez.

Laissez cuire 20 minutes. Enlevez l'aluminium (conservez-le, vous en aurez à nouveau besoin un peu plus tard) et laissez cuire à découvert 25 minutes de plus, jusqu'à ce que les pommes de terre soient tendres et commencent à brunir sur les bords. Sortez les moules du four, déposez-les sur une grille et laissez-les refroidir pendant 15 minutes. Utilisez une petite spatule pour décoller immédiatement les bords.

☛ Augmentez la température du four à 230 °C.

☛ Laissez la plaque de cuisson refroidir puis utilisez la spatule pour libérer les bords de chaque Pomme Anna. Recouvrez la plaque avec la feuille d'aluminium que vous aviez mise de côté. Retournez la plaque puis démoulez-les sur la plaque en frappant bien sur le fond de chaque moule pour faire tomber les pommes de terre.

☛ Remettez les pommes Anna au four pour 10 minutes, jusqu'à ce qu'elles commencent à colorer. Sortez la plaque du four et, à l'aide de deux spatules, retournez délicatement les Pommes Anna. Enfournez à nouveau jusqu'à ce qu'elles soient bien dorées et croustillantes sur les bords.

☛ Sortez la plaque du four et laissez refroidir les pommes de terre pendant 5 minutes. Utilisez les spatules pour retourner les Pommes Anna dans le bon sens, décorez-les avec la ciboulette, déposez-les sur un plat et servez.

COCKTAIL PÉTILLANT

« Je n'ai pas bu plus que de raison.
En vérité, j'ai juste passé une très mauvaise nuit. »
—Violet Bridgerton

Pour 1 pichet

45 à 60 ml de purée ou de jus de fruits frais

Une bouteille de vin blanc pétillant bien frais

Des fruits frais pour la décoration

Le lendemain d'un bal particulièrement festif, vous aurez peut-être l'impression d'avoir à nouveau besoin d'un verre pour faire cesser les coups de marteau dans votre crâne. Dans ce cas-là, rien de mieux qu'une bonne carafe de cocktail au vin pétillant au petit déjeuner. Utilisez la recette qui suit comme un modèle à personnaliser : variez les jus de fruits en fonction des saisons et les purées pour répondre à vos envies du moment. Proposez à vos invités plusieurs jus ou purées différents, présentés dans des petites carafes étiquetées, et accompagnés de bols de fruits frais découpés. Ils pourront ainsi créer tous les mélanges qu'ils souhaitent.

Notes du cuisinier : le jus d'orange fraîchement pressé est le choix traditionnel pour réaliser des Mimosas. Toutefois, le jus de raisin, de grenade, d'ananas ainsi que le cidre fonctionnent également à merveille. Pour le Bellini, on utilise généralement de la purée de pêche blanche, mais le cocktail est également délicieux avec du fruit de la Passion, de la mangue ou de la framboise.

Choisissez un vin de qualité que vous pourriez tout à fait boire tel quel. Les Bridgerton, cela va sans dire, choisiraient l'une de leurs meilleures bouteilles de champagne. Pour nous, gens du peuple, un bon crémant, un cava ou un prosecco feront très bien l'affaire.

☛ Versez un peu de purée de fruit ou de jus dans une flûte ou une coupe. Complétez avec le vin pétillant, garnissez de morceaux de fruits frais et servez.

L'ART DES CARTES DE VISITE

Les familles les plus illustres de la bonne société londonienne habitant toutes dans un rayon d'un kilomètre carré au sein du quartier de Mayfair, on pourrait penser que se rendre visite consiste tout simplement à frapper à la porte de son voisin pour voir s'il est là. Mais bien entendu, les choses ne sont pas aussi simples. À Londres, il est acceptable pour une lady de rendre visite à quelqu'un si le rang de la personne en question est égal ou inférieur au sien, mais pas s'il est supérieur (cette règle est un peu moins stricte à la campagne, ce qui explique pourquoi tant de gens préfèrent la vie dans leurs domaines aux formalités rigides de la capitale). Toutes les portes ou presque sont donc ouvertes pour la Duchesse de Hastings, qui peut se rendre chez qui elle veut quand elle le souhaite. Mais une baronne ou une simple lady, elles, ont moins d'options. Si elles désirent faire la connaissance d'une comtesse ou d'une vicomtesse, elles doivent attendre que celle-ci les y invite. Mais on peut difficilement concevoir qu'elles restent cloîtrées chez elles toute la journée dans l'espoir qu'une riche et puissante dame patronnesse appelle.

C'est là que les cartes de visite entrent en jeu. Ces cartes sont une élégante coutume qui permet aux ladies de quitter leur domicile sans craindre de rater la visite qui pourrait changer leur vie.

L'objet lui-même est assez simple, puisqu'il s'agit tout bonnement d'un petit rectangle cartonné sur lequel est inscrit le nom de la personne, son titre et éventuellement son adresse. Si vous souhaitez prendre contact avec quelqu'un que vous ne connaissez pas, ou si la personne à qui vous souhaitiez rendre visite n'est pas présente, vous pouvez simplement laisser votre carte aux bons soins des domestiques. Une fois qu'une lady de rang supérieur a donné sa carte à une personne de rang inférieur, celle-ci est enfin en droit de la contacter.

La carte de visite est donc plus qu'un simple morceau de papier. Elle est également la chance pour une lady ou un gentleman de bonne famille d'exprimer sa sensibilité artistique. Les gens n'hésiteront pas à faire des messes basses – ou pire, Lady Whistledown pourrait vous démolir

de sa plume acérée – si vous faites vos débuts dans une tenue insolite ou en arborant une coiffure avant-gardiste.

Mais personne ne regardera jamais de travers une carte de visite faisant preuve d'un peu de panache. Par conséquent, n'hésitez pas à demander à un artiste graveur de créer pour vous une police de caractères, une illustration ou une frise originale : ce sera une manière sûre et socialement acceptable d'exprimer votre style personnel.

Les cartes de visites peuvent sembler démodées dans notre monde moderne et digital. Mais créer une signature unique peut s'avérer véritablement utile. La prochaine fois que vous enverrez une invitation, que ce soit par courriel, par sms ou encore mieux, par courrier, pensez à intégrer à votre envoi une image de votre carte de visite personnalisée. Trouvez une police qui vous ressemble, ajoutez une jolie bordure ou une belle illustration correspondant à votre nom ou à votre profession. Elles constitueront vos armoiries et, en recevant votre mot, vos amis et votre famille devraient sourire et se dire que c'est tellement vous.

LONDON LATTE

Pour 1 tasse

240 ml d'eau

2 sachets de thé Earl Grey

175 ml de lait demi-écrémé ou entier

60 g de sirop miel-vanille

SIROP MIEL-VANILLE POUR ENVIRON 330 G

65 g de sucre

115 g de miel

160 ml d'eau

1/2 gousse de vanille fendue dont on grattera les graines

Quand les nuages sont bas et que le ciel de Londres se pare de cette nuance bien trop familière de gris morne, il est difficile de trouver la motivation de sortir du lit. C'est encore plus vrai quand on a dansé et avalé des litres de vin chaud (page 103) la veille. Mais un bon London latte, chaud et parfumé, avec son subtil goût de vanille, suffit à tirer même le plus paresseux des enfants Bridgerton de son lit et à l'attirer jusqu'à la salle à manger.

Dans une petite théière ou dans une casserole, mettez l'eau à bouillir à feu moyen. Retirez l'eau du feu et versez-la dans un grand mug. Ajoutez les deux sachets d'Earl Grey et laissez infuser 5 minutes.

Pendant ce temps, versez le lait dans une petite casserole et faites-le chauffer environ 3 minutes à feu moyen, jusqu'à ce qu'il commence à fumer.

Au bout des 5 minutes, enlevez les sachets de thé du mug et jetez-les.

Quand le lait est chaud, inclinez la casserole afin que tout le liquide se retrouve du même côté et faites moussez le lait avec un mousseur électrique ou en le battant vigoureusement avec un fouet jusqu'à ce qu'il double de volume.

Versez le sirop miel-vanille dans le thé puis ajoutez le lait battu et décorez avec une cuillerée de mousse de lait. Servez immédiatement.

SIROP MIEL-VANILLE

Dans une petite casserole, mélangez le sucre, le miel et l'eau puis faites chauffer à feu moyen pendant 5 à 7 minutes, en remuant fréquemment afin d'aider le sucre et le miel à s'amalgamer de façon uniforme. À la première ébullition, retirez du feu et ajoutez la gousse de vanille et les graines. Mélangez à nouveau, puis laissez refroidir à température ambiante. Transférez le sirop dans un bocal en verre. Si vous ne l'utilisez pas immédiatement, vous pourrez le conserver au réfrigérateur pendant un mois.

2

Le déjeuner sur l'herbe de la Reine

« Je désire être divertie. »

—La Reine Charlotte

La Reine Charlotte doit bien admettre qu'il y a certaines choses que les Français font mieux que les Anglais. Les repas opulents en font incontestablement partie. Prenez leurs pique-niques, par exemple, ces déjeuners sur l'herbe durant lesquels on picore des petites bouchées de mets simples comme des tourtes, des salades, des cakes et des fruits. En théorie, un pique-nique est plutôt facile à préparer. Mais en pratique, les déjeuners en plein air demandent du temps, de l'argent, et beaucoup, beaucoup de domestiques. Tout d'abord, vous devez trouver un lieu époustouflant : un parc vallonné avec une vue dégagée, une pelouse taillée au cordeau entourée de jardins élégants ou un tertre verdoyant surplombant un étang pittoresque.

Ensuite vous devez avoir les moyens d'atteindre cet endroit bucolique : des chariots pour la nourriture, les assiettes, les couverts et le linge de table, un moyen de transport pour les invités ainsi que des domestiques prêts à convoyer tout ceci jusqu'à la destination finale (les lieux les plus agréables ont la fâcheuse tendance de n'être accessibles qu'à pied). Et on ne parle même pas des ressources nécessaires pour préparer les plats qui, pour être à la hauteur des attentes d'une reine, ne doivent être rien moins que parfaits.

Mais rien de tout ceci ne doit vous dissuader d'organiser votre propre pique-nique. Préparez quelques-unes des recettes qui suivent et placez-les ensuite dans un panier en osier. Étendez une nappe sur un charmant coin d'herbe dans un parc près de chez vous ou dans votre jardin, et n'oubliez pas d'admirer les nuages et d'écouter la brise. Ce sont des plaisirs simples que l'argent, la notoriété ou la noblesse ne peuvent pas acheter.

ORGANISEZ VOTRE

Pique-nique

Inutile d'attendre une occasion spéciale pour prévoir un pique-nique : une journée exceptionnellement ensoleillée est une raison suffisante. Qu'il s'agisse d'un évènement rassemblant beaucoup de gens ou d'un moment romantique à deux, une petite préparation en amont est tout ce dont vous avez besoin pour créer un moment idyllique.

DÉCOR

Si vous disposez d'une table de pique-nique, recouvrez-là d'une jolie nappe colorée. Pour éviter qu'elle ne s'envole, déposez sur la table un bouquet de tournesols ou de pivoines ainsi que vos boissons. Placez une pile d'assiettes, les couverts et les serviettes d'un côté et disposez ensuite votre plat principal à côté de bols contenant des petites choses à grignoter. Pour un pique-nique plus intime, un panier pour transporter la nourriture de façon élégante et une couverture suffiront. Si vous n'avez pas à marcher trop longtemps, vous pouvez également emporter des coussins moelleux pour vous asseoir confortablement. Les assiettes et les couverts compostables sont une option acceptable, mais préférez-leur des assiettes et des verres traditionnels, en particulier si vous possédez un panier de pique-nique qui vous permettra de les transporter sans craindre de les casser.

MENU

Tout ce qui se mange avec les doigts est idéal pour un pique-nique, qu'il s'agisse de Chaussons croustillants (page 43) ou de Brochettes de viande (page 51). Accompagnez ces plats d'un bon pain, baguette ou pain de campagne, de fromages à pâte dure et à pâte molle, de viande séchée et de fruits rouges. Prévoyez un vin frais à siroter à l'ombre d'un arbre les jours de chaleur, ainsi qu'un thermos de Limonade à la lavande (page 57) pour étancher votre soif. Quand on mange dehors, il est important de ne laisser aucune trace de son passage, alors n'oubliez pas d'emporter un sac qui vous servira de poubelle.

Bien que de bons plats, de bonnes boissons et beaucoup de soleil soient les seuls éléments réellement requis, vous pouvez encore améliorer votre pique-nique grâce à quelques activités complémentaires. Si vous ne disposez pas d'un jeu de mail de l'époque Régence, vous pouvez emporter un simple jeu de croquet, un mölkky ou même juste un frisbee. Si parmi les participants se trouvent des enfants (ou des gens ayant gardé leur jeunesse d'esprit), prévoyez de quoi faire des bulles, un cerf-volant ou une guitare. Si vous êtes en tête-à-tête, pourquoi ne pas prendre un jeu de cartes ou un livre romantique dont vous pourrez lire des passages à voix haute ? Vous pourrez aussi simplement vous allonger sur la couverture, regarder le ciel et ne penser à rien.

LES CHAUSSONS AUX GROSEILLES À MAQUEREAU DU DUC

Pour 12 pièces environ

PÂTE

315 g de farine T55 + 1 poignée pour le plan de travail

5 g de sel

220 g de beurre doux froid coupé en petits cubes

2 jaunes d'œufs

45 ml d'eau glacée

45 ml de crème fleurette

25 g de cassonade (optionnel)

GARNITURE

60 ml de jus d'orange fraîchement pressé

30 g de fécule de maïs

Un morceau de gingembre frais d'environ 2,5 cm

335 g de groseilles à maquereau fraîches ou de physalis *(voir les Notes du cuisinier)*

330 g de sucre en poudre

Cinq zestes d'orange de 5 cm de long

Le cuisinier de Lady Violet Bridgerton est peut-être reconnu pour sa tourte aux groseilles à maquereau, mais la Reine d'Angleterre n'est pas du genre à se laisser surpasser par une simple Vicomtesse. La Reine Charlotte a donc entrepris de créer une recette qui pourrait concurrencer celle des Bridgerton : son esprit de compétition ainsi que son affection pour le Duc d'Hastings l'exigeaient.

Notes du cuisinier : La groseille à maquereau est une grosse baie acide originaire d'Europe du Nord. Elle se décline en plusieurs variétés : vertes, blanches, jaunes ou rouges, et toutes peuvent être utilisées dans cette recette. La pleine saison va de mars à juin. Si vous ne pouvez pas trouver de groseilles à maquereau fraîches, remplacez-les par des physalis (également appelés « amour en cage »). Dans ce cas, rincez abondamment vos fruits car l'extérieur des physalis est très collant. Ils ont également une peau plus épaisse et devront donc cuire plus longtemps.

POUR LA PÂTE

Versez la farine et le sel dans la cuve d'un robot et mélangez. Ajoutez le beurre et continuez de pétrir jusqu'à ce que la pâte ressemble à une semoule grossière. Ajoutez les jaunes d'œufs et mélangez encore une ou deux minutes jusqu'à incorporation totale. L'appareil va devenir légèrement jaune. Versez alors l'eau glacée en filet et pétrissez pour bien lier la pâte : elle n'a pas besoin de former une boule, mais elle doit se tenir quand vous la pincez entre vos doigts. Si ce n'est pas le cas, ajoutez un peu d'eau et pétrissez à nouveau. Transférez la pâte sur un large morceau de film alimentaire et abaissez-la pour former un cercle de 2,5 cm d'épaisseur. Emballez-la soigneusement et réservez-la au réfrigérateur jusqu'à ce qu'elle soit bien ferme (au minimum 30 minutes, mais l'idéal est de l'y laisser toute une nuit).

POUR LA GARNITURE

Dans un petit bol, mélangez le jus d'orange et la fécule de maïs jusqu'à dissolution totale.

Coupez le gingembre en quatre et écrasez légèrement chacun des morceaux avec le plat d'un couteau. Dans une grande casserole ou une cocotte, mélangez le gingembre, le jus d'orange à la fécule de maïs, les groseilles à maquereau, le sucre et les zestes d'orange. Portez à ébullition sur feu moyen. Laissez bouillir 10 à 15 minutes environ, en remuant régulièrement jusqu'à ce que les groseilles éclatent et que la sauce réduise. Pour vérifier si elle est assez épaisse, mettez un peu de sauce sur le dos d'une cuillère et passez-y votre doigt : il doit laisser une trace propre. Attention, le temps de cuisson peut varier en fonction du degré de maturité des groseilles. Versez la préparation dans un saladier et laissez refroidir à température ambiante. Retirez alors le gingembre et les zestes d'orange, couvrez votre saladier et réservez-le au frais 1 heure minimum (3 jours maximum). Au froid, la garniture va continuer d'épaissir pour atteindre finalement une consistance légèrement plus ferme que la confiture.

LADY DANBURY :
Le Duc est particulièrement friand des tourtes aux groseilles à maquereau.

VIOLET BRIDGERTON :
C'est justement le plat qui a fait la renommée de mon cuisinier.

POUR LE MONTAGE ET LA CUISSON

☛ Placez deux grilles dans votre four, une en haut et l'autre au centre, puis préchauffez-le à 190 °C. Sortez deux plaques à pâtisserie et mettez-les de côté.

☛ Si vous avez mis votre pâte au frais pendant 30 minutes, elle devrait être prête à étaler. Si vous l'y avez laissée plus longtemps et qu'elle est vraiment dure, laissez-la à température ambiante le temps qu'elle soit plus facile à travailler. Farinez légèrement votre plan de travail et votre rouleau à pâtisserie, puis abaissez la pâte afin d'obtenir un disque de 2 mm d'épaisseur. Découpez des cercles de 14 cm de diamètre dans la pâte. Si vous n'avez pas d'emporte-pièce de cette taille, utilisez un bol retourné et découpez la forme au couteau. Récupérez les chutes de pâte, formez une boule et répétez les différentes étapes jusqu'à l'obtention de 12 cercles.

☛ Déposez un des cercles sur le plan de travail fariné et ajoutez deux cuillerées à soupe de garniture froide au centre. À l'aide d'un pinceau, badigeonnez les bords de la pâte de crème fleurette puis repliez-la sur elle-même afin d'obtenir une forme de demi-lune. Pincez les bords ensemble pour bien les souder et retirer l'excédent d'air. Repliez ensuite la pâte sur elle-même tous les 3 mm environ afin de créer un joli rebord plissé. Si vous préférez, vous pouvez également utiliser une fourchette pour souder hermétiquement les bords. Placez le chausson sur l'une des plaques et recommencez l'opération avec les 11 autres cercles. Badigeonnez le dessus des chaussons avec la crème fleurette restante. Utilisez un couteau d'office pour faire une minuscule entaille au centre. Saupoudrez de cassonade (optionnel).

☛ Enfournez les deux plaques à pâtisserie sur les grilles et laissez cuire environ 30 minutes, jusqu'à ce que les chaussons soient bien dorés et que la garniture commence à bouillir au niveau de l'entaille (faites pivoter les plaques au bout de 15 minutes afin d'assurer une cuisson homogène). Sortez les plaques du four et laissez tiédir les chaussons dessus pendant 10 minutes. Dressez les chaussons sur un plat et servez-les encore chauds.

SUCETTES DE POULET ET SAUCE BARBECUE AU VIN ROUGE

Pour 24 pièces environ

12 ailes de poulet (environ 1,4 kg)

Sel

170 g de concentré de tomates

240 ml de vin rouge (fruité et bien charpenté, comme un Merlot ou un Pinot noir)

80 ml de vinaigre de vin rouge (ou plus selon vos goûts)

45 g de mélasse noire *(voir les Notes du cuisinier, page 151)*

100 g de sucre roux

15 g de moutarde anglaise (type Savora)

3,5 g de paprika fumé

5 g d'ail en poudre

5 g d'oignons en poudre

Une bonne pincée de flocons de piment rouge (ou, à défaut, de piment de Cayenne)

Une petite pincée de quatre-épices

15 ml d'huile végétale pour la plaque

7 g de levure chimique

Les volailles qui s'ébattent dans le poulailler royal sont plus dorlotées que nombre de sujets de la reine. Du moins, jusqu'à ce qu'elle décide d'organiser l'un de ses déjeuners légendaires et que certaines d'entre elles finissent les pattes devant. La meilleure façon d'honorer ces précieux volatiles est de s'assurer que rien ne soit gâché. Pour ce plat, par exemple, les ailes vont être transformées en petites « sucettes » à plonger dans une subtile sauce au vin rouge acidulée.

☞ Utilisez un couteau à désosser pour préparer les ailes de poulet. Découpez-les en trois morceaux en sectionnant os et tendons au niveau des jointures. Dans chaque aile, vous aurez un manchon, ou mini-pilon, plus petit que le pilon de la jambe, un aileron et la pointe de l'aile. Il est possible qu'on vous vende des ailes sans pointes car cette partie contient beaucoup moins de viande que le reste. Si tel n'est pas le cas, une fois toutes les ailes de poulet découpées, jetez les pointes ou réservez-les pour réaliser plus tard un bouillon de volaille.

☞ Pour les manchons, munissez-vous d'un couteau d'office bien aiguisé et effectuez des mouvements de scie pour inciser la peau à l'extrémité la plus fine du manchon. Faites tout le tour de cette partie jusqu'à ce que la peau soit complètement détachée de l'os. Coupez les tendons avec une paire de ciseaux et utilisez vos mains pour repousser la chair et la peau de l'extrémité fine vers l'extrémité la plus large du manchon, afin de lui donner la forme d'une sucette. Pour bien détacher toute la viande et la peau et obtenir un os propre, n'hésitez pas à vous aider d'une feuille de papier absorbant. Placez votre sucette de poulet sur une petite plaque et répétez l'opération avec les manchons restants.

☞ Pour les ailerons, utilisez votre couteau d'office pour couper le joint entre les os à l'extrémité la plus fine. Remontez la viande et la peau pour former une boule à l'extrémité la plus charnue et dégagez l'os le plus fin afin de le retirer sans abîmer votre sucette. Les sucettes réalisées à partir des ailerons seront un peu plus petites et un peu moins jolies que les autres, mais ne vous laissez pas décourager : utilisez juste vos doigts pour modeler la chair et la peau au mieux. Les ailerons garderont sans souci leur forme à la cuisson. Nettoyez le haut de l'os comme vous l'avez fait pour les manchons. Déposez votre aileron sur la même plaque que les manchons et répétez l'opération avec les ailerons restants. Une fois toutes les sucettes prêtes, salez le poulet à votre convenance. Placez la plaque au réfrigérateur sans la couvrir pendant que vous préparez la sauce barbecue.

→

☛ Pour la sauce barbecue, mélangez dans une grande casserole le concentré de tomates, le vin rouge, le vinaigre, la mélasse, le sucre, la moutarde anglaise, le paprika, l'ail et l'oignon en poudre, les flocons de piment, le quatre-épices et une bonne pincée de sel. Portez à ébullition à feu moyen en remuant régulièrement, puis baissez le feu, couvrez partiellement la casserole et laissez frémir environ 45 minutes, jusqu'à ce que la sauce épaississe et que toutes les saveurs se soient pleinement développées. Vous devriez pouvoir sentir le goût du vin, mais pas celui de l'alcool. Rectifiez l'assaisonnement à votre convenance avec du sel et du vinaigre. Réservez à température ambiante pendant que vous faites cuire le poulet. En refroidissant, la sauce va épaissir encore un peu.

☛ Préchauffez le four à 230 °C. Recouvrez une grande plaque à rebords d'une feuille de papier aluminium et badigeonnez-la d'huile végétale.

☛ Ôtez l'excédent d'humidité du poulet avec une feuille de papier absorbant et transférez les sucettes dans un grand saladier. Saupoudrez-les avec la levure chimique et mélangez pour les recouvrir de façon uniforme. À la main, récupérez chacune des sucettes une par une, réajustez la viande et la peau si celles-ci ont un peu glissé puis déposez-les sur la plaque huilée. Enfournez pendant 25 à 30 minutes, jusqu'à ce que la viande soit légèrement dorée, croustillante et cuite à cœur. Pensez à tourner votre plaque au bout de 15 minutes afin d'obtenir une cuisson homogène.

☛ Sortez les sucettes du four et badigeonnez-les de sauce barbecue à l'aide d'un pinceau. Retournez-les et badigeonnez également l'autre côté. Remettez la plaque au four et laissez cuire environ 5 minutes, jusqu'à ce que la sauce commence à faire des bulles et à brunir. Surveillez bien vos sucettes afin d'éviter que la sauce ne brûle. Sortez la plaque du four, transférez les sucettes de poulet sur un plateau et servez immédiatement avec le reste de sauce barbecue.

NOIX DE SAINT-JACQUES RÔTIES ET PURÉE DE PETITS POIS À LA MENTHE

Pour 12 pièces

12 belles noix de Saint-Jacques (environ 450 g)

75 g de beurre doux

225 g de petits pois décongelés

60 ml d'eau

Sel et poivre du moulin

35 g de cerneaux de noix grossièrement hachés

5 g de zestes de citron jaune

20 ml d'huile végétale

12 belles feuilles de menthe fraîche

Quelques feuilles d'estragon finement ciselées

1 demi-citron

La coquille Saint-Jacques est l'une des plus divines créatures de l'océan, à la fois charnue, iodée et délicate. Demandez à votre poissonnier de vous donner également les coquilles : une fois bien nettoyées, elles seront le récipient parfait pour servir ce plat, donnant à votre table une touche de Botticelli. Évidemment, si vous n'avez pas la possibilité de récupérer les coquilles, de jolies coupelles anciennes en forme de coquillage feront très bien l'affaire.

☛ Recouvrez une petite plaque à pâtisserie (ou un grand plat) de plusieurs couches de papier absorbant. Placez vos noix bien à plat sur le papier puis, sans couvrir, placez la plaque au réfrigérateur pendant que vous préparez la purée de petits pois et la sauce aux noix.

☛ Dans une grande casserole sur feu moyen, faites fondre 15 g de beurre. Ajoutez les petits pois et l'eau et laissez cuire 2 à 3 minutes, en remuant fréquemment jusqu'à ce que l'eau commence à frémir. Versez les petits pois et le liquide dans un blender puis mixez jusqu'à l'obtention d'une texture bien lisse, en ajoutant de l'eau si besoin (procédez en plusieurs fois afin d'éviter que votre purée ne devienne trop liquide). La purée sera assez épaisse, vous devrez donc probablement arrêter de mixer et la remuer avec une cuillère plusieurs fois avant d'atteindre la texture idéale. Remettez la purée de petits pois dans la casserole, salez et poivrez à votre convenance et couvrez afin de garder la préparation au chaud.

☛ Dans une casserole plus petite sur feu moyen, faites fondre les 60 g de beurre restants. Mélangez régulièrement pendant 5 minutes environ, jusqu'à ce qu'il prenne une belle couleur ambrée avec une odeur de noisette. Baissez légèrement le feu, ajoutez les noix et mélangez sans arrêt pendant environ 2 minutes, jusqu'à ce qu'elles soient bien grillées et que le beurre ait bruni. Arrêtez le feu et ajoutez les zestes de citron. Salez, poivrez et couvrez afin que la sauce reste chaude pendant que vous faites rôtir les Saint-Jacques.

☛ Dans une large poêle en fonte à feu vif, faites chauffer l'huile jusqu'à ce qu'elle commence à fumer légèrement. Ne soyez pas avare avec l'huile : le fond de la poêle doit être entièrement recouvert d'une fine couche, cela permettra aux Saint-Jacques de dorer joliment sans accrocher.

→

☛ Pendant que l'huile chauffe, sortez les Saint Jacques du réfrigérateur et assaisonnez généreusement chaque face de sel et de poivre. Utilisez des pinces pour déposer délicatement les Saint Jacques dans la poêle. Laissez cuire environ 2 minutes jusqu'à ce que les noix soient bien dorées et caramélisées d'un côté (n'y touchez pas avant que ce soit le cas). Retournez ensuite chaque noix et laissez-les cuire 1 à 2 minutes de plus pour faire dorer et caraméliser le second côté. Débarrassez les Saint-Jacques sur un plat et recouvrez-le d'une feuille de papier aluminium pour maintenir la chaleur.

☛ Si besoin, réchauffez un peu la purée de petits pois à feu moyen. Émincez grossièrement les feuilles de menthe et ajoutez-les à la purée. Ajoutez ensuite l'estragon au beurre noisette que vous aviez préparé au début.

☛ Déposez une généreuse cuillerée de purée de petits pois à la menthe dans les coquilles ou dans des coupelles, puis dressez une noix de Saint-Jacques sur la purée. Versez une bonne cuillerée de sauce au beurre noisette sur chaque coquille et finissez par un petit trait de jus de citron. Servez immédiatement.

BROCHETTES DE POITRINE DE COCHON DE LAIT ET PICKLES DE TOMATES CERISES

Pour 24 pièces

Sel et poivre du moulin

10 g de sucre roux

1 petite cuillerée à café de coriandre moulue

900 g de poitrine de porc avec la peau (tranche de 2,5 cm d'épaisseur)

Huile végétale

2 concombres

24 pickles de tomates cerises *(recette page 53)*

MATÉRIEL NÉCESSAIRE

24 piques à brochettes

Lors de ses déjeuners, la Reine Charlotte aime offrir à ses convives un cochon de lait entier comme pièce de résistance. Mais la plupart d'entre nous n'avons pas la possibilité d'obtenir des animaux entiers, pas plus qu'un boucher à disposition pour préparer et découper la bête. Ces brochettes sont donc une merveilleuse façon pour les cuisinières modernes de régaler leurs invités avec une bonne viande de porc.

Dans un petit bol, mélangez 10 g de sel, plusieurs tours de poivre du moulin, le sucre roux et la coriandre moulue.

Disposez la poitrine de porc dans un grand plat allant au four et ôtez l'excédent d'humidité de la viande en l'épongeant avec un papier absorbant. Avec la pointe d'un couteau d'office bien aiguisé, faites de petites entailles dans la peau en prenant bien soin de ne pas atteindre la viande. Plus votre peau aura d'entailles, plus elle sera croustillante. Retournez la poitrine et badigeonnez tout le morceau avec le mélange d'épices, à l'exception de la peau. Salez ensuite généreusement chaque face. Placez le plat au réfrigérateur sans couvrir et laissez la viande s'imprégner des épices entre 12 et 48 heures.

Quand la viande est prête à cuire, préchauffez votre four à 150 °C.

Recouvrez une plaque d'une feuille de papier cuisson, puis ajoutez une grille par-dessus. Huilez légèrement la grille avec l'huile végétale. Sortez la poitrine de porc du réfrigérateur et déposez la viande sur la grille afin que la peau se retrouve sur le dessus. Ôtez l'excédent d'humidité de la peau avec du papier absorbant.

Faites cuire au four 2 h 30 à 3 heures, jusqu'à ce que la viande soit cuite à cœur et bien tendre (la température intérieure doit être comprise entre 82 et 85 °C). Sortez la viande du four et ôtez à nouveau l'humidité résiduelle sur la viande et la peau avec du papier absorbant.

Certaines parties de la peau seront fermes, d'autres plus tendres. Utilisez la pointe de votre couteau d'office pour faire de petites entailles supplémentaires dans les parties tendres. Recouvrez le fond d'une sauteuse d'une couche d'huile végétale d'environ 6 mm. Placez-y la poitrine, peau en bas, et faites chauffer la sauteuse à feu moyen. La température de l'huile va monter progressivement jusqu'à ce qu'elle commence à bouillonner autour de la viande. Continuez la cuisson entre 8 et 12 minutes, jusqu'à ce que la peau soit bien gonflée, légèrement brunie et très croustillante. Utilisez une pince pour déplacer la poitrine dans la sauteuse afin que toute la peau croustille. La durée de cette étape dépendra de votre cuisinière.

☛ Transférez la viande sur la grille qui a servi à la faire cuire à l'aide d'une pince et d'une longue spatule métallique et laissez-la tiédir pendant 15 minutes.

☛ Pendant que le porc refroidit, lavez les deux concombres et coupez les extrémités, puis utilisez une mandoline ou un économe pour les découper en longue bandes fines (vous aurez besoin de 24 bandes).

☛ Une fois la viande refroidie, découpez-la, à l'aide d'un couteau à dents, en cubes de 2 cm de côté (là encore, il vous en faudra 24). Utilisez une brochette en métal ou la pointe de votre couteau d'office pour faire un petit trou au centre de la peau sur chaque morceau, cela vous permettra d'enfoncer plus facilement la viande sur vos piques. Montez vos brochettes en alternant morceaux de viande, bandes de concombre et pickles de tomates cerises. Déposez-les ensuite sur un plat et servez.

PICKLES DE TOMATES CERISES
POUR ENVIRON 700 G

340 g de tomates cerises de toutes les couleurs

3 gousses d'ail légèrement écrasées

175 ml de vinaigre de champagne

175 ml d'eau

20 g de sucre

15 g de sel

1 petite cuillerée à café de baies roses

1 feuille de laurier

PICKLES DE TOMATES CERISES

☛ Utilisez la pointe de votre couteau d'office pour percer un tout petit trou en haut de chaque tomate puis transférez-les dans un grand bocal résistant à la chaleur (ou dans un saladier) avec les gousses d'ail écrasées.

☛ Dans une petite casserole sur feu moyen, mélangez le vinaigre de champagne, l'eau, le sucre, le sel, les baies roses et le laurier. Laissez chauffer 3 minutes environ en remuant régulièrement jusqu'à ce que le sucre et le sel se soient complètement dissous. Le mélange doit être chaud, mais pas brûlant : si votre saumure est trop chaude, elle va ramollir vos tomates.

☛ Versez la saumure sur les tomates cerises et l'ail puis mélangez. Laissez refroidir à température ambiante pendant 30 minutes, puis fermez votre bocal (ou couvrez votre saladier) et placez-le au réfrigérateur entre 24 heures et 7 jours. Plus elles resteront dans la saumure, plus la saveur des tomates sera prononcée mais attention, après quelques jours, les tomates vont également commencer à ramollir, ce qui les rendra plus difficiles à piquer sur vos brochettes.

PUDDING D'ÉTÉ, FRUITS ROUGES ET CRÈME FOUETTÉE

Pour 8 pièces

450 g de mûres pour la recette + quelques-unes pour la décoration

450 g de fraises, équeutées et coupées en tranches d'environ 6 mm d'épaisseur + quelques-unes pour la décoration

100 à 130 g de sucre, selon la sucrosité de vos fruits

Sel

240 ml de jus de cassis

60 ml d'eau

20 ml de jus de citron pressé (optionnel)

28 tranches fines de pain de mie

240 ml de crème fleurette bien froide

15 g de sucre glace

MATÉRIEL NÉCESSAIRE

8 ramequins à fond arrondi ou petits bols de 9 ou 10 cm de diamètre

Ce dessert est un hommage à l'une des plus belles réussites de la Reine Charlotte : le mariage du Duc et de la Duchesse de Hastings, qu'elle considère comme son grand triomphe. Il faut dire que personne n'a l'œil aussi aiguisé pour la mode que la reine, elle a d'ailleurs rapidement remarqué à quel point la couleur rouge seyait au Duc. La Duchesse, quant à elle, était particulièrement rayonnante dans du bleu clair (une couleur qui, la reine a pu le constater, convient particulièrement aux Bridgerton). Ce dessert dans les tons de violet est une façon pour la reine de célébrer malicieusement l'union de ces deux maisons dont les toilettes sont aussi impeccables que leur réputation.

Recouvrez l'intérieur de vos ramequins de film alimentaire en laissant déborder au moins 2,5 cm.

Dans un grand saladier, mélangez les mûres, les fraises, le sucre et une pincée de sel. Laissez reposer à température ambiante pendant 15 minutes environ, en remuant de temps en temps, jusqu'à ce que le sucre se soit dissous et que les fruits aient rendu une partie de leur jus.

Transférez les fruits macérés et le jus dans une grande casserole puis ajoutez-y le jus de cassis et l'eau. Faites chauffer doucement la casserole sur feu moyen pendant 10 minutes environ, en remuant de temps en temps, jusqu'à ce que le mélange commence à frémir. Les fruits doivent ramollir mais conserver leur forme et leurs belles couleurs. Goûtez le sirop : il doit être sucré, en conservant toutefois une pointe d'acidité provenant des fruits. Si vous le préférez plus acidulé, ajoutez le jus de citron (commencez par 15 ml et ajoutez ensuite le reste à votre convenance). Posez une passoire sur le saladier qui vous a servi à faire macérer les fruits et égouttez-les. Laissez refroidir les fruits et le sirop à température ambiante.

Pendant ce temps, mesurez le diamètre du fond et du haut de vos ramequins et préparez des emporte-pièces de tailles équivalentes (si vous n'avez pas d'emporte-pièces, vous pouvez utiliser le bord d'un verre à eau, par exemple). Découpez huit grands disques dans huit tranches de pain et réservez-les sur une plaque à pâtisserie. Découpez ensuite huit petits disques dans huit autres tranches de pain et réservez-les également sur la plaque. Conservez les chutes de pain pour préparer de la chapelure une fois la recette terminée.

À l'aide d'un couteau à dents, retirez la croûte des douze tranches de pain restantes, puis découpez chaque tranche en quatre. Réservez les morceaux ainsi obtenus sur la plaque avec les disques.

☛ Trempez brièvement l'un des petits disques dans le sirop, puis déposez-le au fond de l'un des ramequins. Trempez ensuite un des carrés dans le sirop et placez-le à la verticale sur l'un des bords du ramequin. Répétez l'opération avec cinq autres carrés, en les faisant se chevaucher légèrement, afin de recouvrir tous les bords du ramequin sans laisser aucun espace libre. Une fois les huit ramequins préparés, remplissez chacun d'entre eux avec ⅛ des fruits cuits au préalable, puis utilisez le dos d'une cuillère pour les tasser légèrement. Trempez rapidement les grands disques dans le sirop et déposez-les sur les fruits.

☛ Scellez le haut de chaque pudding en repliant vers l'intérieur des ramequins le film alimentaire qui dépassait. Posez les ramequins sur une plaque à pâtisserie puis placez un poids sur chacun des puddings afin de les tasser (si vous n'avez pas de poids, utilisez des petites boîtes de conserve). Réservez au réfrigérateur pendant au moins 6 heures.

☛ Juste avant de servir, dans un saladier de taille moyenne, mélangez la crème fleurette et le sucre glace. Battez la crème en chantilly à l'aide d'un fouet pour obtenir un joli bec d'oiseau.

☛ Sortez les ramequins du réfrigérateur et retirez les poids. Un à un, décollez le film alimentaire des puddings, puis démoulez les ramequins sur des petites assiettes à dessert. Tirez doucement sur le film alimentaire pour aider le démoulage, puis retirez-le complètement. Recouvrez les puddings d'une large cuillerée de crème fouettée et décorez avec les fruits frais que vous aviez mis de côté. Servez immédiatement.

PUNCH AU CHAMPAGNE, AUX MYRTILLES ET À LA FLEUR DE SUREAU

Pour 8 à 10 verres

32 à 64 petites fleurs comestibles, comme les pensées, les violettes et/ou les soucis

225 g de myrtilles + quelques-unes pour la décoration

100 g de sucre

Une pincée de sel

120 ml d'eau

240 ml de liqueur de fleur de sureau

2 bouteilles bien fraîches de champagne ou de vin blanc pétillant

MATÉRIEL NÉCESSAIRE

2 bacs à glaçons, pour environ 30 glaçons au total

Ce cocktail à base de champagne est l'excuse idéale pour sortir votre plus élégant bol à punch. Mais si vous ne possédez pas cette magnifique pièce en cristal, pas de panique : ces jolis glaçons ornés de fleurs comestibles sublimeront la vaisselle la plus ordinaire. Quant à la liqueur de fleur de sureau, elle ajoute au cocktail une touche à la fois délicieuse et délicate combinant arôme floral et douceur du miel.

☞ Déposez une ou deux fleurs dans chaque compartiment de vos bacs à glaçons puis remplissez-les d'eau. Vous pouvez également préparer des cubes de glaces plus gros en utilisant des mini-moules à cake dans lesquels vous pourrez insérer un assortiment de fleurs plus large. Pour des glaçons complètement translucides, utilisez de l'eau distillée. Réservez au congélateur jusqu'à ce que les glaçons soient bien solides.

☞ Dans un saladier de taille moyenne, mélangez les myrtilles, le sucre et une petite pincée de sel, remuez bien puis, à l'aide d'une fourchette, écrasez grossièrement les fruits. Laissez macérer 15 minutes environ.

☞ Transférez les myrtilles macérées dans une petite casserole sur feu moyen et ajoutez l'eau. Laissez chauffer jusqu'à ce que le mélange se mette à frémir, puis laissez cuire environ 10 minutes, en remuant de temps en temps, jusqu'à ce que les fruits aient ramolli et que le sirop ait pris une belle teinte pourpre, presque magenta.

☞ Retirez la casserole du feu et égouttez les myrtilles grâce à une passoire à maille fine. Utilisez une cuillère pour remuer le contenu de la passoire afin d'en extraire le maximum de sirop. Laissez la passoire s'égoutter au-dessus du sirop pendant que celui-ci refroidit (ainsi, vous n'en perdrez pas une goutte), puis jetez les fruits écrasés.

☞ Rincez la passoire, placez-la au-dessus d'un grand bol à punch et versez le sirop (cela vous évitera d'avoir des morceaux de fruits rebelles dans votre cocktail). Ajoutez la liqueur de fleur de sureau et le champagne. Mélangez bien, ajoutez les glaçons fleuris au punch et servez immédiatement.

LIMONADE À LA LAVANDE

« Je meurs d'envie de voir arriver une nouvelle tête,
quelqu'un que l'on n'attendait pas et qui mettrait
un peu de piquant dans cette saison. »
— La Reine Charlotte

Pour 6 à 8 verres

1 cuillerée à soupe de fleurs de lavande séchées + 1 petite cuillerée à café pour la décoration

6 gros citrons (environ 900 g)

325 g de sucre

1,4 litre d'eau + de quoi faire des glaçons

MATÉRIEL NÉCESSAIRE

1 petit filtre à café en papier et de la ficelle de cuisine

La limonade est un classique lors des fêtes de famille ou entre amis, car il serait tout à fait inapproprié pour des jeunes femmes célibataires de boire de l'alcool. (Tout l'inverse de leurs frères. En effet, n'importe quel célibataire que vous rencontrez lors d'un bal est probablement arrivé passablement éméché après un après-midi à se «préparer» à son club.) Même si la bienséance l'exige, il est tout à fait regrettable que les jeunes femmes aient un choix de boisson aussi limité. C'est pourquoi la Reine Charlotte propose toujours à ses convives des limonades agrémentées d'un petit extra.

Notes du cuisinier : si vous préférez faire l'impasse sur les rondelles de citron confit faites maison, vous pouvez utiliser le sirop de lavande dès qu'il sera à température ambiante. Assurez-vous simplement de laisser le sachet de lavande dans le sirop pendant qu'il refroidit afin de maximiser la saveur florale. À la place du citron confit, ajoutez à votre limonade des rondelles de citron frais et des brins de lavande comestible.

☞ Placez une cuillerée à soupe de lavande séchée au centre d'un petit filtre à café et fermez-le de façon bien hermétique, comme une aumônière, avec la ficelle de cuisine. Réservez votre sachet de lavande.

☞ Pour préparer les rondelles de citron confit, coupez un citron en rondelles d'environ 3 mm d'épaisseur (vous devriez obtenir à peu près 12 rondelles) et retirez tous les pépins. Remplissez un saladier de taille moyenne d'eau glacée et mettez-le de côté. Versez de l'eau à mi-hauteur dans une grande casserole, portez à ébullition sur feu moyen puis retirer la casserole du feu. Plongez les rondelles de citron dans l'eau bouillante et laissez-les ramollir environ 5 minutes. Égouttez les rondelles de citron et plongez-les immédiatement dans l'eau froide. Réservez pendant que vous préparez le sirop de lavande.

☞ Dans la casserole que vous avez utilisée pour les rondelles de citron, mélangez 300 g de sucre et 360 ml d'eau. Portez à ébullition sur feu moyen. Ajoutez le sachet de lavande, baissez le feu et laissez frémir doucement pendant 10 minutes supplémentaires. Retirez le sachet de lavande et mettez-le de côté, égouttez les rondelles de citron et ajoutez-les au sirop. Attendez que le sirop frémisse à nouveau, couvrez et laissez cuire tranquillement pendant 1 heure environ, jusqu'à ce que les rondelles de citron soient tendres et presque transparentes.

→

☛ Recouvrez une petite plaque à pâtisserie d'une feuille de cuisson puis, à l'aide d'une pince, déposez les rondelles de citron une par une bien à plat sur la plaque après avoir laissé s'écouler l'excédent de sirop. Laissez refroidir environ 24 heures à température ambiante, jusqu'à ce que les rondelles de citron confit soient collantes mais sèches.

☛ Remettez le sachet de lavande dans le sirop encore chaud et laissez refroidir à température ambiante. Transférez le sirop refroidi (avec le sachet de lavande) dans un bocal ou une boîte de conservation et réservez au réfrigérateur le temps que les rondelles de citron confit soient sèches.

☛ Une fois les rondelles de citron prêtes, pressez les cinq citrons restants (vous devriez obtenir environ 240 ml de jus). Retirez le sachet de lavande et jetez-le, puis versez le sirop de lavande dans une grande carafe, ajoutez-y le jus de citron et le reste d'eau (1 litre environ). Mélangez bien, goûtez et n'hésitez pas à ajouter de l'eau si vous le jugez nécessaire.

☛ Dans un petit bol, mélangez les 25 g de sucre restant avec la petite cuillerée à café de fleurs de lavande séchées. Trempez les rondelles de citron confit dans ce sucre de lavande, puis redéposez-les sur la plaque.

☛ Versez la limonade à la lavande dans de grands verres garnis de glaçons et d'une ou deux rondelles de citron confit et servez.

S'ADRESSER AUX MEMBRES DE LA ROYAUTÉ ET DE LA NOBLESSE

« Vous êtes un prince. Charmez-la. »

—La Reine Charlotte au Prince Friedrich

Si vous vous posez des questions sur les règles qui régissent la société anglaise, alors vous n'y avez pas votre place. Mais pour ceux d'entre nous qui ne sont pas nés avec un titre ou un lignage remontant à plusieurs générations, le système de classes britannique est impénétrable. Comment doit-on se comporter lorsqu'on est présenté à un roi ou une reine ? Un comte est-il d'un rang plus élevé qu'un baron ? Et qu'est-ce exactement qu'un vicomte, au juste ?

La règle la plus importante, quand on veut intégrer la haute société, est qu'on ne doit jamais approcher une personne dont le rang est plus élevé que le sien. Une personne positionnée plus haut sur l'échelle sociale peut aborder quelqu'un qu'elle ne connaît pas, mais pas l'inverse. Voilà pourquoi il est essentiel d'avoir dans sa manche quelqu'un d'influent, comme Lady Danbury, afin de faciliter les rencontres.

Si vous vous retrouvez devant un roi ou une reine, la première chose à faire est de présenter vos hommages. Pour les hommes, une simple inclinaison de la tête suffit ; les femmes, elles, doivent faire une petite et gracieuse révérence. Le roi et la reine doivent tout d'abord être appelés « Votre Majesté » puis « Monsieur » et « Madame ».

Les princes, les princesses et tous les autres membres directs de la famille royale doivent être appelés « Votre Altesse Royale » puis « Monsieur » ou « Madame ».

Pour un couple ducal, employez « Duc », « Duchesse » ou « Votre Grâce » à l'oral, « Sa Grâce le Duc d'Hastings » ou « Sa Grâce la Duchesse d'Hastings » à l'écrit.

Marquis et marquises ont droit au prédicat de « plus honorable » quand les comtes, vicomtes et barons doivent se contenter d'être qualifiés de « très honorable ». Ainsi, vous écrirez aux « Plus honorables Marquis et Marquise d'Ashdown », mais aux « Très honorables Comte et Comtesse

UNE RÉVÉRENCE SUBTILE DOIT ÊTRE FAITE À CHAQUE FOIS QU'ON ENTRE OU QU'ON SORT D'UNE PIÈCE, LORSQUE L'ON RENCONTRE QUELQU'UN À QUI L'ON VEUT ÊTRE PRÉSENTÉ, OU AU DÉBUT ET À LA FIN D'UNE DANSE.

de Lindsay » et même simplement, pour Anthony, au « Très honorable Vicomte Bridgerton », sans particule.

On s'adresse aux barons et baronnes par leur nom de famille ou de baronnie (le Baron de XX ou simplement Baron Featherington).

Heureusement, les choses sont plus simples à l'oral, marquis, comtes, vicomtes, barons ainsi que leurs épouses répondant tous aux titres « Lord » et « Lady ».

Jusqu'à son mariage, la fille aînée d'une maison est appelée par son nom de famille, « Miss Sharma » par exemple. Ses sœurs cadettes sont, elles, appelées par leur prénom et leur nom de famille (Miss Edwina Sharma). Le principe est identique pour les garçons. Tant que son père était en vie, Anthony n'était que Monsieur Bridgerton et ses frères Monsieur Benedict Bridgerton et Monsieur Colin Bridgerton.

LA HIÉRARCHIE DES TITRES DE NOBLESSE

Monarque

Membres de la Famille Royale

Noblesse (également connue sous le nom de Pairie ; titres hérités)
- **Duc**
- **Marquis**
- **Comte**
- **Vicomte**
- **Baron**

Bourgeoisie (familles bien considérées, souvent fortunées et dotées d'une certaine influence, mais qui ne sont pas considérées comme des pairs)
- **Baronnet**
- **Chevalier**
- **Propriétaire terrien**
- **Personne ayant des biens mais pas de titres**

Le reste (artisans, commerçants, domestiques, ouvriers, indigents)

COBBLER AU SHERRY, FRUITS ET BOUQUET D'HERBES FRAÎCHES

Pour 1 verre

1 rondelle de citron

1 rondelle d'orange

22 ml de sirop de sucre (recette ci-après)

90 ml de sherry Amontillado (ou vin de Xérès)

Glace pilée

GARNITURE

Des brins de menthe

Des rondelles d'agrumes coupées en deux

De jolis fruits frais, sans défaut, piqués sur une petite brochette en bois

SIROP

Sucre et eau à poids égal

Ce cocktail est le rafraîchissement parfait pour le début d'après-midi. L'ingrédient de base, le sherry, est un vin blanc muté à l'eau-de-vie. Il est donc bien moins fort en alcool que des spiritueux comme le whisky ou le gin, ce qui signifie que vous pouvez vous octroyer le plaisir d'en boire plus d'un verre sans risquer de vous comporter de façon honteuse devant Sa Majesté. Ne soyez pas pingre sur la garniture : avec le Cobbler au sherry, plus il y en a, mieux c'est. Des fruits rouge d'été bien mûrs, les plus beaux agrumes de votre orangeraie, des herbes odorantes : tout est bienvenu.

☞ Déposez la rondelle de citron et la rondelle d'orange dans un shaker, recouvrez-les de sirop et mélangez. Ajoutez le sherry, remplissez le shaker de glace pilée et secouez jusqu'à ce que le contenu soit bien glacé. Filtrez et versez dans un verre à vin ou un haut verre à cocktail rempli de glace pilée. Insérez les brins de menthe et les rondelles d'agrumes entre la glace et le rebord du verre, ajoutez votre brochette de fruits et servez avec une paille.

SIROP

☞ Mélangez l'eau et le sucre dans une casserole et portez à ébullition, en remuant de temps en temps, jusqu'à ce que le sucre soit complètement dissous. Laissez le sirop refroidir complètement avant de vous en servir. Vous pourrez le conserver environ 1 mois au réfrigérateur dans un récipient hermétiquement fermé.

3

Le thé chez les Sharma

« J'ai même appris à [Edwina] comment préparer cette pitoyable imitation de thé que les Anglais adorent. Le thé anglais ne m'inspire que dégoût. »

—Kate Sharma

Sans tenir compte de ce que vous pouvez penser de la boisson elle-même, il est difficile de contester le charme associé à l'heure du thé en Angleterre. Les invitations à prendre le thé représentent l'hospitalité britannique dans ce qu'elle a de plus raffiné, que les préparations culinaires soient modestes (une simple tasse accompagnée d'une part de cake partagés avec un ami cher à votre cœur) ou spectaculaires (votre plus belle porcelaine, des plateaux d'argent avec suffisamment de sandwiches pour nourrir une petite armée… ou un homme de la famille Bridgerton).

Bien qu'elle méprise le thé anglais, la Vicomtesse Kate Bridgerton, née Sharma, ne peut trouver de défaut dans le rituel qui l'accompagne. Les règles de la haute société anglaise peuvent être contraignantes pour les femmes, mais l'heure du thé est l'un des rares moments où Lady Kate sait qu'elle peut partager ses véritables opinions sans avoir à se soucier des yeux et des oreilles indiscrets de la bonne société londonienne. Elle se demande souvent si, sans ces moments privilégiés, les femmes auraient ne serait-ce qu'une seule occasion de pouvoir avoir une conversation sérieuse.

Les recettes proposées dans ce chapitre sont pleines de personnalité et nous espérons qu'elles vous aideront à en rassembler beaucoup autour de votre table. Peu importe que vous ayez une jolie théière en porcelaine ou un chariot en bois sculpté, tant que vous êtes entourés de gens intéressants aussi friands de bonnes choses que de discussions passionnantes.

ORGANISEZ VOTRE

Tea time

L'obsession des Anglais pour le thé est connue et bien documentée. Mais ce que la plupart d'entre eux ne vous diront jamais, c'est que le secret de la réussite d'un tea time réside moins dans la qualité des boissons proposées que dans celle des conversations. L'idéal est donc d'inviter des gens que vous aimez beaucoup et que vous n'avez pas vus depuis longtemps pour une délicieuse séance de rattrapage.

DÉCOR

Créer un espace intime et propice à la confidence. Si vous ne prévoyez pas de vous installer à table, essayez néanmoins de vous assurer que vos invités puissent s'asseoir en cercle et suffisamment près les uns des autres pour que tous puissent participer aisément. Bien que vous puissiez servir le thé dans les contenants que vous voulez, de la porcelaine à la cendre d'os vintage aux mugs en céramique les plus contemporains, utiliser de véritables tasses à thé accompagnées de soucoupes vous aidera à insuffler à votre tea time l'esprit des Bridgerton. Un service complet, avec son sucrier et son petit pot à lait, feront parfaitement l'affaire. Si vous n'en avez pas, un petit tour chez Emmaüs ou en recyclerie peut vous permettre de trouver des pépites parfaites pour l'occasion. Une collection de petites cuillères en argent dépareillées complètera idéalement la vaisselle. Travaillez bien l'arrangement floral, avec un bouquet d'hydrangeas ou de pivoines, par exemple, si vous voulez donner un esprit jardin d'été à votre table, ou une délicate et odorante composition de fleurs de printemps, comme des jonquilles, des tulipes et des myosotis.

MENU

Découvrez les secrets de la préparation et du service du thé (page 73). Installez sur la table des petits pots de crème et vos laits préférés, une assiette de rondelles de citron et un sucrier rempli de morceaux de sucre non raffiné. Accompagnez votre thé de deux ou trois bouchées différentes, en commençant par le salé (comme les Mini sandwiches, page 71) suivi de douceurs sucrées (Petits fours au miel du Devonshire, page 79). Si vous disposez d'un plateau à étages, placez les en-cas salés en bas et les sucrés au-dessus.

Le « high tea » est-il une version plus sophistiquée du tea time traditionnel ? Absolument pas. En Angleterre, le high tea était à l'origine un repas consistant, servi aux ouvriers en fin d'après-midi ou en début de soirée. Il était souvent servi sur des tables hautes ou au comptoir, d'où son nom (high = haut, en anglais). Le high tea était constitué de plats chauds copieux, qui tenaient au corps, bien loin des petites douceurs qui accompagnent le tea time.

ASSORTIMENT DE MINI-SANDWICHES

Pour 16 pièces de chaque environ

CONCOMBRE ET RADIS, BEURRE FOUETTÉ AU CHAAT MASALA

110 g de beurre fouetté (beurre doux et lait fouettés) à température ambiante

7 g de Chaat Masala, ou plus selon vos goûts

Sel

8 tranches fines de pain de mie complet sans croûte

2 concombres émincés en fines rondelles

6 gros radis émincés en fines rondelles

POULET AU CURRY

2 blancs de poulet avec la peau sur carcasse (environ 680 g)

7,5 ml d'huile de coco

Sel et poivre du moulin

80 g de mayonnaise

80 g de yaourt indien au lait entier *(voir les Notes du cuisinier, page 77)*

3 cuillerées à soupe de chutney de mangue épicé

10 g de curry de Madras

65 g de céleri finement ciselé

25 g d'oignons cébettes en rondelles

Au fil des années l'intervalle entre le déjeuner et le dîner s'allonge de plus en plus dans les maisons les plus prisées de la haute société londonienne. Les soirs de bal, tout particulièrement, une lady peut s'estimer chanceuse si elle mange son dernier repas avant une heure du matin. Voilà pourquoi Kate Bridgerton apprécie qu'on lui serve son thé avec des mini-sandwiches. Elle peut ainsi tenir facilement jusqu'au dîner… quelle que soit l'heure à laquelle il est servi.

POUR LE CONCOMBRE ET RADIS, BEURRE FOUETTÉ AU CHAAT MASALA

☛ Dans un grand saladier, versez le beurre fouetté et le Chaat Masala puis mélangez. Assaisonnez selon vos goûts (sel, poivre, plus de Chaat Masala). Tartinez une noisette de beurre épicé sur chaque tranche de pain, puis recouvrez-les de rondelles de concombres et de radis en les alternant et en les faisant se chevaucher comme les écailles d'un poisson. À l'aide d'un couteau à dents, coupez chaque tranche de pain en diagonale. Dressez sur un plateau et servez.

POUR LE POULET AU CURRY

☛ Préchauffez le four à 190 °C.

☛ Placez les carcasses de poulet sur une plaque, massez la peau avec l'huile de coco, salez et poivrez. Enfournez et laissez rôtir environ 30 minutes, jusqu'à ce que la température à cœur atteigne 75 °C. Sortez le poulet du four, déposez-le sur une planche à découper et laissez-le tiédir environ 30 minutes, jusqu'à ce qu'il soit chaud sans être brûlant. Détachez les blancs de l'os, enlevez la peau et coupez délicatement la viande en petits dés. Transférez les dés de poulet dans un saladier et placez-le au réfrigérateur jusqu'à ce que la viande soit complètement froide. Pour gagner du temps, vous pouvez également utiliser des dés de poulet précuits (450 g).

☛ Dans un bol, mélangez la mayonnaise, le yaourt, le chutney de mangue et le curry en poudre. Versez cette sauce sur le poulet et ajoutez-y le céleri, les oignons cébettes, les noix de cajou et enfin les raisins, mélangez à nouveau et assaisonnez à votre convenance. Déposez ⅛ de cette salade de poulet sur chaque tranche de pain, étalez-la afin d'en couvrir toute la surface et posez une seconde tranche de pain par-dessus. Utilisez un couteau à dents pour découper chaque sandwich en diagonale ou en quatre si vous préférez faire des parts plus petites. Dressez les mini-sandwiches sur un plateau et servez.

→

35 g de noix de cajou salées grossièrement concassées

80 g de petits raisins noirs sans pépins coupés en quatre

16 tranches fines de pain contenant un mélange de fruits et de noix, sans croûte

SAUMON FUMÉ, CHUTNEY CACAHUÈTE ET CORIANDRE

30 g de cacahuètes décortiquées non-salées

1 gros bouquet de coriandre (hachez grossièrement les feuilles et le haut des tiges uniquement)

1 gousse d'ail émincée finement

1 petit piment œil d'oiseau vert émincé finement

30 ml de jus de citron vert, voire plus selon vos goûts

30 ml d'eau

Une pincée de sucre (optionnel)

Sel

16 fines tranches de pain de mie blanc ou complet, sans croûte

115 g de cream cheese (fromage frais crémeux)

225 g de saumon fumé

POUR LE SAUMON FUMÉ, CHUTNEY CACAHUÈTE ET CORIANDRE

Dans une petite poêle sur feu moyen, faites torréfier légèrement les cacahuètes pendant 6 à 8 minutes, en remuant de temps en temps, jusqu'à ce qu'elles commencent à brunir. Réservez dans un petit bol et laissez-les refroidir.

Dans un mixeur, rassemblez les cacahuètes froides, la coriandre, l'ail, le piment, le jus de citron vert, l'eau, le sucre (si vous le souhaitez) et une bonne pincée de sel. Mixez jusqu'à l'obtention d'une texture lisse, en vous arrêtant de temps en temps pour bien mélanger les ingrédients. Le chutney doit rester épais, mais vous pouvez ajouter un peu d'eau s'il est trop résistant pour votre mixeur. Débarrassez la pâte dans un petit bol, goûtez-la et ajustez l'assaisonnement en sel et en jus de citron vert selon vos goûts.

Coupez chaque tranche de pain afin d'obtenir deux rectangles. Étalez une demi-cuillerée à café de cream cheese sur l'un des rectangles, puis une cuillerée à café de chutney que vous étalerez en la mélangeant au cream cheese. Déposez une petite tranche de saumon fumé (15 g environ) sur ce mélange puis recouvrez l'ensemble avec le second rectangle de pain. Répétez l'opération pour obtenir seize sandwiches, dressez-les sur un plateau et servez. Vous pouvez conserver le reste de chutney de cacahuète et coriandre au réfrigérateur pendant 5 jours dans un récipient hermétiquement fermé.

KATE :
Puis-je vous offrir un rafraîchissement Monsieur…

M. BROOKES :
Brookes. Seulement si vous insistez.
Je veux dire, il serait grossier de ma part de refuser.
Du thé, trois cuillerées de sucre
et peut-être quelques sandwiches aussi. Merci.

COMMENT PRÉPARER UN « VRAI » THÉ

☛ Remplissez une bouilloire d'eau froide et mettez-la à chauffer.

☛ Si vous le souhaitez, vous pouvez réchauffer la théière en versant un peu d'eau chaude à l'intérieur. Faites tournez l'eau sur les parois de la théière puis videz-la.

☛ En attendant que l'eau soit chaude, ajoutez le thé en vrac dans votre théière (1 à 2 cuillerées à café par tasse).

☛ Dès que l'eau se met à frémir, versez-la dans la théière (jamais d'eau bouillante sur le thé au risque de brûler les feuilles).

☛ Laissez au thé le temps d'infuser. La durée est déterminée par le type de thé et les préférences de vos invités (plus longtemps pour un goût très prononcé, moins pour un thé plus léger).

TEMPS D'INFUSION CONSEILLÉ

Thé blanc	1 à 2 minutes
Thé vert	2 minutes
Oolong	2 à 3 minutes
Tisane	3 à 4 minutes
Thé rouge	3 à 4 minutes
Chai	3 à 5 minutes
Thé noir	3 à 5 minutes

L'ÉTIQUETTE

La politesse veut que chaque hôte ou hôtesse demande à ses invités comment ils aiment leur thé (sucré, avec du lait, ou du citron) et prépare ensuite chaque tasse avant de la placer sur une soucoupe et de la tendre à son destinataire. Préparez toujours les tasses une par une.

Au moment de boire, évitez de prendre la tasse entre vos mains et soulevez-la délicatement par son anse (ce n'est pas un mug de café, après tout). Tenez-la simplement entre votre pouce et votre index et n'oubliez pas qu'un petit doigt en l'air vous fera immédiatement passer pour un plouc. Reposez votre tasse sur sa soucoupe entre chaque gorgée.

Cela va sans dire, le thé doit être siroté et non avalé goulument si vous ne voulez pas que vos manières soient le sujet de moquerie du prochain numéro de Whistledown.

BISCOTTES SUCRÉES AUX DATTES, PISTACHES ET GRAINES DE FENOUIL

Pour 24 pièces environ

140 g de farine T55

5 g de levure chimique

2,5 g de sel

100 g de sucre en poudre

6 g de zestes d'orange finement râpés

Une bonne pincée de curcuma en poudre

1 cuillerée à café de graines de fenouil grossièrement hachées

110 g de beurre doux, à température ambiante + une noisette pour le moule

2 œufs entiers + 1 jaune, à température ambiante

6 dattes medjool (environ 115 g), dénoyautées et grossièrement coupées en morceaux de 1 cm environ

70 g de pistaches décortiquées non salées, grossièrement concassées

30 g de sucre de canne brut

Ces biscuits, qui rappelleront à certains d'entre vous leurs cousins italiens, les biscotti, sont un classique à l'heure du thé dans de nombreuses régions de l'Inde. Trempez-les dans un Chai parfumé (page 85), un London latte (page 33) ou n'importe quelle autre boisson chaude.

☛ Préchauffez le four à 175 °C. Beurrez et farinez un moule à cake de 20 cm de long et mettez-le de côté.

☛ Dans un saladier, mélangez la farine, la levure et le sel. Réservez.

☛ Dans un autre saladier, mélangez à la main le sucre, les zestes d'orange, le curcuma et les graines de fenouil. Écrasez les zestes d'orange et les graines de fenouil dans le sucre du bout des doigts jusqu'à ce que le mélange ressemble à du sable humide. Ajoutez le beurre et battez au fouet électrique environ 5 minutes, jusqu'à ce que le mélange gonfle. Ajoutez les œufs entiers, un à un, et fouettez pour obtenir une texture lisse. Répétez l'opération avec le jaune. Ajoutez le mélange farine-levure-sel et mélangez avec une maryse jusqu'à ce que la pâte devienne épaisse et bien homogène. Incorporez les dattes et les pistaches.

☛ Versez la pâte dans le moule à cake beurré et fariné, lissez-la sur le dessus et saupoudrez-la de sucre de canne. Enfournez pour 25 à 30 minutes environ (une pique en bois plantée au centre du gâteau doit ressortir sèche). Laissez refroidir le gâteau dans le moule pendant 10 minutes puis démoulez-le en le retournant sur une volette.

☛ Baissez le four à 150 °C. Recouvrez une grande plaque à pâtisserie de papier cuisson et mettez-la de côté.

☛ À l'aide d'un couteau à dents, coupez le gâteau en deux dans le sens de la longueur puis découpez chaque moitié en tranches de 1,5 cm environ. Alignez toutes les tranches sur la plaque et enfournez pendant 20 minutes avant de retourner chaque tranche. Laissez cuire encore 10 à 20 minutes jusqu'à ce que les tranches soient sèches au toucher et légèrement brunies sur les bords. Sortez la plaque du four et laissez tiédir les biscuits dessus pendant 5 minutes. Posez-les ensuite sur une volette et laissez-les complètement refroidir avant de les servir. En refroidissant, ils deviendront encore plus croustillants.

DÔMES DE GELÉE DE MANGUE AU YAOURT

Pour 6 à 12 pièces, selon la taille des moules

Huile végétale (pour les moules)

60 ml d'eau froide

14 g de gélatine en poudre (ou 8,5 feuilles)

120 ml de lait de coco

50 g de sucre en poudre

Une boîte de pistils de safran

340 g de mangue bien mûre pelée et coupée en petits dés + quelques tranches supplémentaires pour la décoration

120 g de yaourt indien *(voir les Notes du cuisinier)*

Fleurs comestibles pour la décoration

MATÉRIEL NÉCESSAIRE

6 moules à dômes (ramequins ou verrines) en silicone ou en métal

Ces adorables petits dômes de gelée tirent leur couleur éclatante du safran, une épice provenant d'une variété spéciale de crocus. Sir Philip Crane, le mari de Miss Marina Thompson, étant un botaniste enthousiaste, il aurait certainement bien d'autres choses à nous apprendre sur le safran. Mais pour l'utilisation que nous en avons, il nous suffit de savoir qu'il ajoute une note épicée à ce dessert riche et sucré.

Notes du cuisinier : on trouve le yaourt indien dans les épiceries spécialisées, mais celui-ci peut tout à fait être remplacé par du yaourt grec, plus facile à trouver au supermarché.

☛ Huilez légèrement vos moules, ramequins ou verrines et déposez-lez sur une plaque.

☛ Versez l'eau froide dans un saladier, ajoutez-y la gélatine et mélangez vigoureusement.

☛ Dans un second saladier, mélangez le lait de coco et le sucre. Émiettez quelques pistils de safran avec vos doigts et ajoutez-les au lait de coco sucré. Mélangez bien, puis laissez reposer le lait sucré et la gélatine pendant 5 minutes. Pendant ce temps, la gélatine va absorber l'eau et le safran infuser dans le lait de coco.

☛ Versez le lait de coco infusé dans un mixeur puis ajoutez-y la mangue en morceaux et le yaourt. Mixez jusqu'à l'obtention d'une crème bien lisse.

☛ Transférez la gélatine dans une petite casserole et faites chauffer à petit feu pendant 2 minutes en remuant sans arrêt pour obtenir une texture lisse. Incorporez la gélatine fondue à la crème de mangue et mixez pendant 1 minute.

☛ Répartissez uniformément l'appareil dans vos moules, ramequins ou verrines. Réservez au minimum 4 heures au réfrigérateur avant de servir.

☛ Pour démouler, décollez la gélatine des moules à l'aide d'un petit couteau d'office. Prenez un saladier peu profond et remplissez-le à mi-hauteur d'eau chaude. Un par un, trempez les moules dans l'eau chaude en prenant soin de ne pas mouiller la gelée. Laissez tremper les moules 5 à 10 secondes puis retournez-les sur de petites assiettes à desserts, démoulez et décorez les dômes de gelée avec les tranches de mangue fraîche et les fleurs comestibles.

PETITS FOURS AU MIEL DU DEVONSHIRE, GINGEMBRE ET EAU DE ROSE

Pour 36 à 42 pièces

PETITS FOURS AU MIEL

125 g de beurre doux coupé en petits morceaux + une noisette pour les moules

170 g de miel

50 g de sucre roux

Un morceau de gingembre frais d'environ 2,5 cm pelé et finement émincé

2 œufs à température ambiante

185 g de farine T55

4 g de levure chimique

2,5 g de sel

1 g de bicarbonate

20 ml d'eau chaude

20 g de sucre en poudre

5 ml d'eau de rose

Ces délicieux petits fours, avec leur glaçage rose et leurs pétales de fleurs, ressemblent à de tout petits paquets cadeaux, presque trop beaux pour être mangés. Presque seulement. Car après la première bouchée, qui révélera une pâte moelleuse renfermant des couches de confiture et de crème au beurre au miel, vous n'aurez plus aucune hésitation. Si vous êtes pressé par le temps, vous n'êtes pas obligé de les recouvrir de glaçage : il vous suffira de bien imbiber les gâteaux avec le sirop à l'eau de rose et de les recouvrir de crème au beurre.

POUR LES PETITS FOURS

☛ Préchauffez le four à 175 °C. Beurrez un moule carré de 23 cm de côté. Recouvrez l'intérieur du moule de papier cuisson et beurrez-le également. Placez un chinois au-dessus d'un grand saladier et mettez-les de côté.

☛ Dans une casserole sur feu moyen, mélangez le beurre, le miel, le sucre roux et le gingembre. Laissez cuire 5 à 8 minutes, en remuant de temps en temps, jusqu'à ce que la préparation commence à frémir. Continuez la cuisson 2 minutes, puis filtrez-la dans la passoire afin d'ôter toutes les fibres de gingembre, et laissez-la refroidir pendant 20 minutes en la remuant de temps en temps. Elle doit rester chaude sans être brûlante.

☛ Ajoutez les œufs à la préparation et battez jusqu'à ce que le mélange soit bien lisse. Tamisez la farine, la levure, le sel et le bicarbonate au-dessus de l'appareil et battez ensuite jusqu'à retrouver une pâte bien homogène. Versez la pâte dans votre moule et répartissez-la afin de créer une couche uniforme. Enfournez et laissez cuire 25 à 30 minutes – n'oubliez pas de faire pivoter le moule au bout de 20 minutes – jusqu'à ce que le gâteau soit bien doré et cuit à cœur (plantez une pique en bois dans le gâteau, elle doit en ressortir totalement sèche).

☛ Laissez tiédir le gâteau dans le moule pendant 15 minutes puis démoulez-le sur une volette. Retirez le papier cuisson puis retournez délicatement le gâteau et laissez-le refroidir complètement.

☛ À l'aide d'un long couteau à dents, retirez les bords, puis coupez le gâteau en deux dans l'épaisseur. Égalisez le dessus afin d'obtenir une surface parfaitement plate et régulière. Coupez ensuite chaque moitié de gâteau en deux afin d'obtenir au total quatre morceaux rectangulaires.

→

CRÈME AU BEURRE AU MIEL

110 g de beurre doux
à température ambiante

Une pincée de sel

150 g de sucre glace

5 à 20 ml de lait (optionnel)

75 g de confiture de fruits acides (comme les framboises ou les griottes) ou de lemon curd

GLAÇAGE

1 petite betterave rouge pelée (environ 85 g)

320 g de sucre glace

170 g de chocolat blanc grossièrement haché

60 ml d'eau chaude

45 ml de sirop de glucose

Des pétales de rose
(ou d'autres fleurs) comestibles pour la décoration

☛ Dans un petit bol, mélangez l'eau chaude et le sucre, attendez que celui-ci se soit dissous et ajoutez l'eau de rose. Imbibez chaque morceau de gâteau de sirop à la rose à l'aide d'un pinceau. Déposez-les sur une plaque à pâtisserie et placez-les au congélateur pendant 20 minutes.

POUR LA CRÈME AU BEURRE AU MIEL

☛ Dans un grand saladier, mélangez le beurre, le miel et une pincée de sel. Travaillez le mélange au batteur électrique 1 à 2 minutes, jusqu'à ce qu'il devienne léger et gonflé. Ajoutez le sucre glace et battez à nouveau. Augmentez la vitesse du batteur et continuez de travailler le mélange pendant 2 à 3 minutes, jusqu'à ce qu'il ait une texture épaisse mais facile à tartiner. Ajoutez le lait peu à peu (optionnel).

☛ Sortez les morceaux de gâteau du congélateur et répartissez la crème au beurre sur les deux rectangles qui constituaient la partie basse du gâteau. Étalez-la bien afin que tout le gâteau soit recouvert. De la même manière, répartissez ensuite la confiture ou le lemon curd sur les deux morceaux qui constituaient la partie haute. Posez les deux morceaux du haut sur les deux morceaux du bas, confiture contre crème au beurre, et appuyez légèrement pour les faire adhérer. Remettez les gâteaux sur la plaque et repassez-les au congélateur pendant 30 minutes.

☛ Sortez l'un des gâteaux du congélateur et, à l'aide de votre couteau à dents, découpez-le en cubes d'environ 3 cm de côté. Déposez-les sur une autre petite plaque et remettez-les au congélateur pendant que vous découpez l'autre moitié de gâteau. Vous devriez obtenir entre 36 et 42 cubes de gâteau au total. Une fois tous les cubes découpés, replacez-les au congélateur pour 30 minutes afin qu'ils soient bien fermes au moment du glaçage.

POUR LE GLAÇAGE

☛ Râpez grossièrement la betterave au-dessus d'un bol afin de récupérer la chair et le jus. Placez une petite passoire à mailles fines au-dessus d'un petit bol et égouttez la betterave râpée. À l'aide d'une cuillère, écrasez la betterave afin d'extraire le maximum de jus (environ 15 ml). Jetez la chair de betterave et réservez le jus. Tamisez le sucre glace dans un grand saladier. Placez une grille sur une plaque à pâtisserie et mettez-les de côté avec le sucre glace et le jus de betterave.

☛ Dans une petite casserole, faites bouillir un peu d'eau (2,5 cm de hauteur maximum) puis baissez le feu afin que l'eau continue de frémir sans faire trop de bulles. Versez le chocolat blanc dans un récipient supportant la chaleur (ou dans une casserole spéciale bain-marie) et placez-le au-dessus de l'eau chaude. Laissez fondre le chocolat environ 3 minutes en remuant régulièrement. Coupez le feu, mais laissez le chocolat fondu sur la plaque.

☛ Ajoutez rapidement l'eau chaude, le sirop de glucose et le jus de betterave (ajustez la quantité en fonction de l'intensité de rose que vous souhaitez obtenir) et mélangez avec une maryse jusqu'à ce que le glaçage soit bien lisse et homogène. Il doit être épais mais coulant, avec une consistance similaire à celle d'une sauce au caramel. S'il est trop épais, ajoutez un peu d'eau, une cuillerée à la fois, jusqu'à l'obtention de la texture voulue.

☛ Sortez quatre cubes de gâteau du congélateur. Piquez-en un sur une fourchette et à l'aide d'une cuillère, recouvrez-le intégralement de glaçage. Crevez les petites bulles d'air avec la pointe d'un couteau et ajoutez un peu de glaçage si besoin. Tapotez la fourchette sur le bord du bol afin de faire tomber le glaçage superflu puis placez le cube sur la grille que vous aviez préparée. Une fois les quatre cubes recouverts, déposez par-dessus quelques pétales de fleurs comestibles en pressant légèrement afin qu'ils adhèrent au glaçage. Répétez l'opération avec l'ensemble des cubes. Si à un moment le glaçage devient trop épais et difficile à travailler, réchauffez-le au bain-marie jusqu'à ce qu'il retrouve sa fluidité. Une fois tous les cubes glacés, laissez-les sécher pendant 2 heures à température ambiante.

SAMOUSSAS AUX POMMES ET AUX FRUITS SECS

Pour 16 pièces

55 g d'abricots secs grossièrement coupés en morceaux

45 g de griottes séchées

45 g de raisins blonds secs

30 g de raisins de Corinthe

1 petite pomme Gala (environ 160 g), pelée, épépinée et coupée en petits dés

55 ml de brandy (ou de cognac)

75 ml de jus d'orange pressée

6 g de zestes d'orange finement râpés

65 g de sucre roux

140 g de beurre doux

1 demi-cuillerée à café de cannelle en poudre

1 pincée de cardamome en poudre

1 pincée de noix de muscade fraîchement râpée

1 pincée de gingembre en poudre

1 pincée de clou de girofle en poudre

1 grosse pincée de sel

80 g d'amandes effilées non salées, torréfiées et grossièrement hachées

21 feuilles de pâte filo d'environ 23 × 36 cm

Du sucre glace pour la décoration

Cette recette est un charmant mélange de deux classiques régionaux. Premièrement la « mincemeat pie », une tourte anglaise traditionnelle farcie d'un hachis de fruits secs et de pommes imbibé de brandy. Contrairement à ce que son nom pourrait laisser croire (meat = viande), la mincemeat pie est souvent végétarienne, comme c'est le cas ici. Le second plat est le samoussa, un chausson frit d'Asie du Sud généralement fourré d'ingrédients salés comme les pommes de terre, les oignons ou les petits pois. La version présentée ici a été simplifiée : à la place de la pâte faite maison, les samoussas seront réalisés avec de la pâte filo facile à trouver au supermarché, et ils seront cuits au four et non frits. La cuisine sera ainsi bien plus simple à nettoyer pour ceux d'entre nous qui ne disposent pas d'une équipe de domestiques.

Dans une grosse casserole, mélangez les abricots, les griottes, les raisins, la pomme, le brandy, le jus d'orange, le zeste d'orange, le sucre roux, 30 g de beurre, la cannelle, la cardamome, la muscade, le gingembre, le clou de girofle et le sel. Faites chauffer à feu moyen, mélangez bien les ingrédients et laissez cuire 5 minutes environ en remuant de temps en temps, jusqu'à ce que le beurre ait fondu et que la préparation commence à frémir. Continuez la cuisson pendant 20 à 25 minutes en remuant de temps en temps, jusqu'à ce que la pomme commence à confire et que le liquide se soit transformé en un sirop assez épais enrobant les fruits. Débarrassez la préparation dans un saladier, ajoutez-y les amandes effilées, mélangez et laissez refroidir. La texture va continuer à épaissir en refroidissant.

Une fois la farce refroidie, préchauffez le four à 200 °C. Recouvrez une plaque à pâtisserie de papier cuisson et mettez-la de côté.

Dans une petite casserole à feu doux, faites fondre le beurre restant. Retirez la casserole du feu et posez-la sur un dessous de plat ou sur un torchon tout près de l'endroit où vous allez plier les samoussas. Déposez les feuilles de pâte filo sur une seconde plaque à pâtisserie et recouvrez-les d'un torchon légèrement humide. Disposez délicatement deux feuilles sur une planche à découper et badigeonnez-les généreusement de beurre fondu à l'aide d'un pinceau. Déposez deux feuilles supplémentaires par-dessus et badigeonnez-les également de beurre fondu. Utilisez un couteau bien aiguisé pour couper les feuilles en trois bandes de largeur égale.

☛ Positionnez les bandes de pâte filo devant vous dans le sens de la longueur (quatre épaisseurs de pâte). Placez une grosse cuillerée de farce tout à droite en laissant une marge d'environ 1,5 cm tout autour. Repliez la pâte filo sur elle-même en partant du coin en haut à droite pour former un triangle au-dessus de la farce. Repliez ensuite ce triangle vers la gauche afin que la farce ne se voie plus que d'un seul côté. Pliez-le ensuite en diagonale vers le haut et encore une fois de droite à gauche afin que la farce soit complètement emprisonnée dans la pâte. Continuez le pliage de la même manière jusqu'au bout de la bande et insérez le bout dans les plis du samoussa. Badigeonnez les deux côtés du samoussa de beurre fondu et déposez-le sur la plaque recouverte de papier cuisson. Recouvrez-le de quelques feuilles de papier absorbant légèrement humides.

☛ Répétez l'opération avec le reste des feuilles de pâte filo. Pour le dernier samoussa, badigeonnez la dernière feuille de pâte filo de beurre, coupez-la en trois bandes et empilez-les. Déposez la farce et procédez au pliage comme pour les précédents. Ce samoussa n'aura que trois épaisseurs de pâte, mais ça ne fera pas beaucoup de différence.

☛ Enfournez les samoussas pendant 20 minutes jusqu'à ce qu'ils soient bien dorés et croustillants (tournez la plaque au bout de 10 minutes afin d'obtenir une cuisson homogène). Laissez-les refroidir sur la plaque pendant 15 minutes, puis saupoudrez-les légèrement de sucre glace et servez.

LE MASALA CHAI DE KATE

Pour 1 tasse

5 clous de girofle

6 grains de poivre noir

3 graines de cardamome

1 bâton de cannelle

1 demi-racine de gingembre frais coupé en fines lamelles

5 g de thé noir, du Assam par exemple *(voir les Notes du cuisinier)*

240 ml d'eau

120 à 175 ml de lait entier, de lait de coco ou de tout autre lait végétal de votre choix

10 à 15 g de sucre en poudre

Bien que la majeure partie du thé consommé en Angleterre vienne d'Inde, ce que nous appelons généralement le « thé Anglais » est une tradition initialement importée de Chine. Les Anglais font infuser les feuilles dans l'eau frémissante, comme le font les Chinois. En Inde, les feuilles de thé, le lait, le sucre (généralement de palme), les épices, en particulier le gingembre et la cardamome, sont mélangés dès le début et portés ensuite à ébullition. Rien ne manque plus à Kate Bridgerton que le chai de son pays natal. Heureusement, avec cette recette, elle peut recréer les saveurs de son enfance dans ses nouvelles résidences d'Aubrey Hall et Bridgerton House.

Notes du cuisinier : vous pouvez remplacer les feuilles de thé en vrac par un ou deux sachets.

☛ Rassemblez les clous de girofle, le poivre, la cardamome et la cannelle dans un mortier. Écrasez légèrement les épices avec un pilon, puis versez-les dans une petite casserole. Ajoutez le gingembre, le thé noir et l'eau. Sur un feu moyen à vif, portez le mélange à ébullition pendant 3 minutes. Couvrez, baissez le feu et laissez frémir 5 minutes de plus.

☛ Retirez le couvercle, versez le lait et la quantité de sucre que vous voulez puis augmentez à nouveau le feu. Faites chauffer le thé et le lait ensemble entre 3 et 5 minutes en remuant fréquemment, jusqu'à ce que le mélange commence à bouillonner, puis laissez-le cuire pendant encore 1 à 2 minutes.

☛ Posez une petite passoire à maille fine sur une tasse à thé et filtrez-le. Jetez les éléments solides et servez immédiatement.

M. DORSET :
Londres n'a rien à voir avec Bombay.
C'est de là que vous venez, n'est-ce pas ?

KATE :
Oui.

M. DORSET :
J'y suis déjà allé. C'est une ville extraordinaire.
Ça doit cruellement vous manquer.

KATE :
Oh, à chaque minute de chaque jour.
Mais tout particulièrement à l'heure du thé.

LE BEE'S KNEES

Pour 1 verre

60 ml de gin

22 ml de jus de citron fraîchement pressé

22 ml de sirop de miel *(recette ci-après)* ou de sirop miel-vanille *(page 33)*

De la glace pilée

Des pelures de citron pour la décoration

SIROP DE MIEL

2 mesures de miel pour 1 mesure d'eau chaude

Alors que la plupart des boissons servies lors des « tea party » sont totalement inoffensives, après une séance de jeu de mail particulièrement intense (voir page 88), vous pourriez bien avoir envie de quelque chose d'un peu plus fort. Ce cocktail est vif, acidulé et tout à fait adapté pour un après-midi ensoleillé.

☛ Mélangez le gin, le jus de citron et le sirop de miel dans un shaker et complétez avec de la glace pilée. Secouez jusqu'à ce que le cocktail soit bien froid, puis versez-le dans une coupe à cocktail et décorez-le avec les pelures de citron. Servez immédiatement.

SIROP DE MIEL

☛ Mélangez le miel et l'eau dans un récipient hermétiquement fermé et secouez jusqu'à l'obtention d'un sirop parfaitement homogène. Laissez-le refroidir avant utilisation. Vous pourrez conserver ce sirop au réfrigérateur pendant 1 mois.

LE JEU DE MAIL À LA MODE DES BRIDGERTON

KATE :
Quelles sont donc les règles de ce jeu ?

DAPHNÉ :
Dans le jeu de mail, ce qui compte, ce ne sont pas tant les règles que l'objectif. Qui est, évidemment, de faire passer votre boule sous chacun des arceaux. Le premier joueur à faire passer sa boule sous le dernier arceau gagne. C'est donc assez simple... Cependant vous pouvez également choisir d'utiliser votre tour pour envoyer la boule d'un de vos concurrents aussi loin que possible du prochain arceau.

EDWINA :
Pourquoi perdre un tour si le but est de faire passer sa boule sous les arceaux ?

KATE :
Pour agacer votre concurrent, je présume ?

DAPHNÉ :
Précisément. Les simples d'esprit se concentrent sur le jeu, les autres sur leurs adversaires.

KATE :
Je crois que je vais beaucoup aimer ce jeu.

Le jeu de mail semblera familier à ceux d'entre vous qui ont déjà joué au croquet. Il s'agit en effet de l'ancêtre de ce jeu. Importé de France au XVIIe siècle où il était également connu sous le nom de paille-maille, il est vite devenu l'un des jeux préférés de l'élite anglaise.

Bien que n'y ayant jamais joué avant d'arriver en Angleterre, la Vicomtesse Kate Bridgerton s'est adaptée à cette nouvelle activité comme un poisson dans l'eau.

À présent, chaque personne ayant la chance de participer à l'un de ses tea time est invitée (comprendre : obligée) à prendre part au passe-temps préféré de la famille Bridgerton. Les règles sont simples. Une série d'arceaux en métal sont plantés sur un parcours et les joueurs doivent frapper des boules en bois avec des maillets. Celui qui complète le parcours avec le moins de coups gagne. Un jeu simple, sans grand effort, n'est-ce pas ? Eh bien, faites confiance aux Bridgerton pour transformer un jeu simple en quelque chose de plus... intéressant.

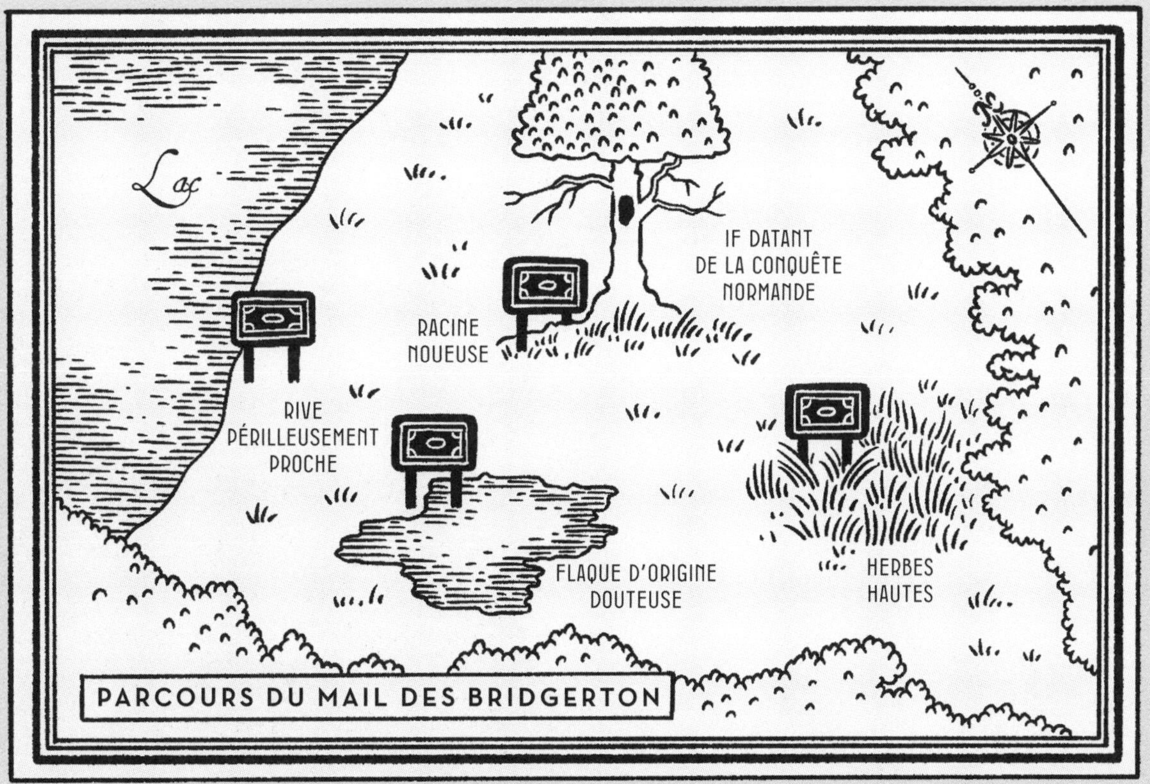

Pour commencer, ils n'ont jamais vu l'intérêt de jouer en suivant le parcours réglementaire. Il n'est donc pas inhabituel de trouver un arceau caché derrière une bergerie ou dangereusement proche d'une flaque d'eau.

Il faut ensuite parler du style unique des Bridgerton. Alors que le joueur moyen utilisera son coup pour faire avancer sa boule vers le prochain arceau, les membres de la famille n'auront d'autre but que de viser la boule de celui qui, parmi leurs frères et sœurs, les agace le plus ce jour-là. « Il y a un temps pour l'honneur et l'honnêteté », les a-t-on souvent entendu dire, « mais ce temps n'est pas celui du jeu de mail ». Chez les Bridgerton, il n'est pas inhabituel de sacrifier sa propre avancée pour le seul plaisir de contrecarrer son adversaire (la défaite de votre ennemi peut parfois être plus délectable que votre propre succès).

La façon de jouer des Bridgerton ne convient pas à tout le monde et c'est donc à vous de déterminer à quel point vous voulez que votre partie soit acharnée. Regardez vos convives : sont-ils aussi innocents que l'agneau qui vient de naître ? Ou s'agit-il plutôt de fins stratèges et de tricheurs ? Dans le doute, dites-vous que vos invités ne sont pas des mauvais joueurs féroces comme les Bridgerton. Répartissez vos arceaux selon un parcours logique, idéalement sur un terrain plat et dégagé ou, au moins, dans un endroit suffisamment éloigné de la boue, de l'eau ou de tout risque de blessure. Si vous vous sentez particulièrement généreux, vous pouvez même dresser un chariot de boissons à chaque étape afin de récompenser les joueurs de leur progression. Bien que les Bridgerton soient des compétiteurs féroces, ils savent que leur éventuel ressentiment doit rester sur le terrain s'ils veulent éviter de devoir affronter la colère de leur mère. Chaque jeu de mail se termine donc amicalement, les joueurs se serrant la main et rentrant tous ensemble afin de profiter d'une bonne tasse de thé, d'en-cas et de gentilles taquineries au sujet de la partie du jour.

4

Dîner au bal des Featherington

« Je veux de l'éclat,
des paillettes et du doré.
Je veux le meilleur. »

—Lady Portia Featherington

Les meilleurs bals commencent à neuf ou dix heures du soir et se poursuivent jusqu'au petit matin, et même souvent jusqu'à l'aube. Les plus réussis demandent même l'intervention de tiers (des domestiques rangeant discrètement le bol de punch, des musiciens se mettant à jouer des airs un peu moins entraînants) afin de pousser les invités à partir.

En tant qu'hôte, rien n'est plus mortifiant que de voir la piste de danse vide et les convives demander leur voiture avant que l'horloge n'ait sonné une heure du matin. La façon la plus sûre de vous assurer que votre salle de bal reste pleine et animée est de fournir aux invités de quoi se sustenter généreusement. Portia Featherington préférerait s'envoler pour l'Amérique qu'être accusée de se montrer avare sur la nourriture lors de ses fêtes. Le vin doit couler à flots et la table des desserts crouler sous tant de plateaux de pâtisseries qu'on ne distingue plus la nappe.

Les recettes de ce chapitre ont été testées et approuvées par des fêtards aguerris, mais soyez gentil avec vos convives, cher lecteur, pensez à servir votre souper avant le chant du coq.

ORGANISEZ VOTRE

Dîner

Organiser un vrai bal Régence aujourd'hui est quasiment impossible : il est trop difficile de trouver un appartement avec une salle de bal et on n'a jamais assez de chandeliers pour s'éclairer uniquement à la bougie. Conserver l'esprit des soirées d'antan, en revanche, est tout à fait réalisable, que vous organisiez une soirée visionnage de la série Bridgerton, une nuit blanche tapageuse ou un dîner en compagnie de quelques amis chers. L'événement devra être élégant, décoré avec soin, et pensé intelligemment afin que vos invités traversent la nuit, portés par une musique entraînante, des danses enflammées et juste ce qu'il faut de champagne.

DÉCOR

Plantez le décors en installant des nappes blanches, de jolies bougies hautes et plus de verres que nécessaire (si vos invités s'amusent tellement qu'ils perdent la trace de leur verre, c'est bon signe). Si possible, privilégiez les verres à pied : verres à vin, flûtes à champagne, coupes à cocktails et autres ont une façon très particulière de refléter la lumière des bougies et transformeront ainsi votre salon en une constellation scintillante. Si vous ne possédez pas assez de verres, pourquoi ne pas en louer ? Vous pouvez également faire un tour dans une recyclerie pour essayer de trouver de quoi compléter votre collection. Réfléchissez au nombre d'invités et à la circulation lors de la fête : si vous pensez que la salle risque d'être très remplie, installez tout autour de la piste de danse des tables avec des verres, des bouteilles et des glaçons. Vos invités se répartiront ainsi naturellement dans la pièce. Mélangez des chandeliers hauts et des candélabres avec des photophores plus petits afin que la salle soit suffisamment éclairée. Ajoutez du volume à votre buffet en y installant une composition structurée de fleurs de jardin (roses, dahlias, pieds d'alouette) et décorez le reste des tables avec des feuillages ou de petits bouquets dans des tons assortis. Réfléchissez à l'ordre dans lequel vous souhaitez que la soirée avance (le repas d'abord, la danse ensuite ?) et préparer votre playlist en fonction.

MENU

Voyez grand ! Disposez des fruits de mers sur une tour à plusieurs étages (page 101) afin que chacun puisse se servir à sa guise. Utilisez également des présentoirs à étages pour le reste de vos en-cas. Achetez des macarons et du fondant pâtissier puis arrangez-les en une belle pièce-montée (page 118). Inspirez-vous des menus de l'époque pour créer votre propre menu personnalisé, résumant les différents moments de votre soirée (cocktail, dîner, soirée dansante, café et dessert) avec style.

Bien que, lors d'un bal réussi, on puisse parfois servir un souper vers une heure du matin, vous préférerez peut-être mettre de côté quelques restes bien mérités... et probablement bienvenus. Ajouter des horaires sur votre menu (« Café et dessert à 21 h », par exemple) permettra à vos invités de savoir à peu près quand vous souhaitez voir la soirée se terminer. S'il est un peu impoli de commencer à ramasser la vaisselle alors que les convives sont toujours en train de manger, il est parfaitement acceptable de baisser la musique et de commencer à empiler les assiettes lorsque la soirée touche à sa fin. Pour vous débarrasser des derniers récalcitrants, vous pouvez leur demander quels sont leurs plans pour le lendemain et leur préciser que vous avez, vous aussi, des projets pour le jour suivant qui nécessitent que vous commenciez à ranger. Si votre chère tante fait semblant de ne pas comprendre, demandez-lui poliment si elle souhaite que vous lui appeliez un taxi.

TOUR OCÉANE

Pour 6 à 8 personnes

COCKTAIL DE CREVETTES RÔTIES SAUCE MARIE-ROSE

900 g de grosses crevettes (16 à 20 pièces), décortiquées à l'exception de la queue et déveinées

30 ml d'huile d'olive extra-vierge

Sel et poivre du moulin

1 jaune d'œuf à température ambiante

15 ml de jus de citron Meyer pressé, voire un peu plus en fonction de vos goûts

Une pointe de piment de Cayenne

175 ml d'huile neutre (huile de pépins de raisin, par exemple)

45 g de ketchup

15 g de sauce Worcestershire

2 à 4 gouttes de sauce pimentée, comme du Tabasco

HUÎTRES SAUCE MIGNONNETTE AU CHAMPAGNE

1 bouteille de champagne bien fraîche

30 g d'échalotes émincées

20 g de petits dés de pomme Granny Smith avec la peau

80 ml de vinaigre de cidre

1 pincée de sucre

Sel et poivre du moulin

12 à 16 huîtres

De la glace pilée pour le service

Plus la tour de hors d'œuvre est haute, plus elle est proche de Dieu – c'est en tout cas l'avis de Portia Featherington. Le mot « discret » ne fait pas partie de son vocabulaire, alors cette tour n'a pas un, ni deux, mais trois étages différents. Chez vous, vous n'avez pas besoin d'être aussi élaborée. Vos invités seront déjà ravis si vous leur proposez une de ces délicieuses recettes. Mais vous pouvez également choisir l'option inverse et être encore plus décadent que Lady Featherington : achetez des queues de homards précuites ou des pinces de crabes et ajoutez-les à votre tour avec des quartiers de citron.

POUR LE COCKTAIL DE CREVETTES

Préchauffez le four à 230 °C.

Sur une grande plaque à rebords, étalez les crevettes décortiquées et assaisonnez-les d'huile d'olive, de sel et de poivre. Assurez-vous qu'elles soient bien réparties sur la plaque puis enfournez environ 10 minutes jusqu'à ce qu'elles soient cuites à cœur. Débarassez les crevettes dans un plat et laissez-les refroidir pendant que vous préparez la sauce.

POUR LA SAUCE MARIE-ROSE

Dans un saladier, mélangez le jaune d'œuf, le jus de citron, le piment de Cayenne et une bonne pincée de sel jusqu'à l'obtention d'une préparation bien lisse et homogène.

Versez très doucement l'huile neutre dans la préparation en fouettant en permanence et avec vigueur. Au départ, ajoutez l'huile presque goutte à goutte afin qu'elle se lie à la préparation et forme une émulsion. Assurez-vous que l'huile que vous avez ajoutée est complètement incorporée avant d'en remettre. Une fois que vous avez ajouté la moitié de l'huile, vous pouvez augmenter légèrement le débit tout en continuant à fouetter énergiquement la préparation (si vous le souhaitez, vous pouvez également utiliser un batteur électrique ou un robot de cuisine).

Une fois que vous avez obtenu une texture épaisse et crémeuse, ajoutez le ketchup, la sauce Worcestershire et la sauce pimentée puis battez pour lier les éléments. Assaisonnez à votre goût avec le sel et le jus de citron. Versez la sauce dans un petit bol que vous disposerez à côté des crevettes rôties.

POUR LES HUÎTRES

Versez 60 ml de champagne dans un bol. Ajoutez l'échalote, la pomme, le vinaigre de cidre, le sucre, une pincée de sel et plusieurs tours de moulin à poivre. Mélangez. Arrangez les huîtres ouvertes sur un lit de glace pilée et servez immédiatement avec la sauce mignonnette et le reste de champagne.

SALADE DE CRABE AUX HERBES

30 g de fines rondelles d'oignons rouges (si l'oignon est gros, coupez-le en deux)

50 g de fenouil finement émincé (gardez les fanes pour la décoration)

Le zeste et le jus d'un gros citron Meyer (6 g de zestes finement râpé et 45 ml de jus)

30 ml d'huile d'olive extra-vierge + 1 filet pour la décoration

Sel et poivre du moulin

7 g de feuilles de persil plat grossièrement ciselées

5 g d'aneth grossièrement ciselé

5 g de ciboulette émincée

340 g de chair de crabe, sans cartilage

Des crackers, des toasts de pain de mie en forme de triangle, des rondelles de concombre, des feuilles d'endive et/ou de trévise pour le service

POUR LA SALADE DE CRABE

☛ Faites tremper les rondelles d'oignon rouge pendant 10 minutes dans un bol rempli d'eau glacée. Égouttez et séchez les oignons puis déposez-les dans un saladier. Ajoutez-y les lamelles de fenouil, le zeste et le jus de citron, l'huile d'olive, une bonne pincée de sel, plusieurs tours de moulin à poivre et mélangez. Laissez mariner l'oignon et le fenouil pendant 10 minutes jusqu'à ce qu'ils ramollissent légèrement. Ajoutez le persil, l'aneth, la ciboulette, et enfin la chair de crabe. Assaisonnez à votre goût avec le sel, le poivre et le jus de citron. Versez la salade de crabe dans un plat et décorez-la avec un filet d'huile d'olive et les fanes de fenouil. Servez la salade avec des crackers, des toasts de pain de mie, des tranches de concombre et des feuilles d'endive ou de trévise.

POUR LE SERVICE

☛ Chacun de ces trois délicieux amuse-gueules iodés pourrait sans souci être servi seul, mais pour un rendu vraiment exceptionnel, proposez les trois, agrémentés de leurs divers accompagnements, sur un plat de deux ou trois étages recouvert de glace pilée.

VIN CHAUD AUX ÉPICES ET À LA GRENADE

Pour 8 à 10 verres

1 grosse orange sanguine

1 grosse orange Navel

2 bouteilles de vin rouge fruité et charpenté (un Merlot, par exemple)

120 ml de brandy (ou de cognac)

120 ml de liqueur d'orange, comme du Cointreau ou du triple sec

415 ml de jus de grenade

185 g de miel

8 clous de girofle

3 bâtons de cannelle

2 graines de badiane (anis étoilé)

Des graines de grenade, pour la décoration

L'une des grandes injustices infligées aux jeunes femmes célibataires de la haute société britannique est de les obliger à se contenter, dès qu'elles sont en public, de thé ou de limonade. Pendant ce temps-là, leurs homologues mariées peuvent profiter sans limite des plaisirs de ce savoureux vin chaud dans lequel flottent graines de grenade et rondelles d'orange. Soyez audacieux, cher lecteur, et n'hésitez pas à défier les conventions et à servir ce vin chaud à tous vos convives sans tenir compte de leur statut marital.

☛ Coupez l'orange sanguine et la Navel en tranches fines. Transférez la moitié des tranches de chaque orange dans une petite cocotte en fonte. Coupez le reste des tranches en deux, couvrez-les et réservez-les à température ambiante jusqu'au moment de servir. Ajoutez le vin, le brandy, la liqueur d'orange, le jus de grenade, le miel, les clous de girofle, la cannelle et la badiane dans la cocotte et mélangez.

☛ À feu moyen, faites chauffer la préparation pendant 30 minutes environ, en remuant de temps en temps, jusqu'à ce que le vin se mette à frémir. Baissez le feu au minimum, couvrez partiellement la cocotte avec un couvercle et laissez cuire 1 heure de plus.

☛ Placez un chinois sur une grande casserole et versez-y le vin chaud. Jetez tous les éléments solides. Versez une grosse louche de vin chaud dans des mugs, garnissez-les de graines de grenade et des rondelles d'orange que vous aviez mises de côté et servez.

TOURTELETTES À LA VIANDE ET AUX POMMES DE TERRE

Pour 6 tourtelettes

PÂTE

630 g de farine T55 + 1 poignée pour le plan de travail

10 g de sel

165 g de blanc de bœuf
(voir les Notes du cuisinier)

1 œuf entier + 4 jaunes

200 ml d'eau glacée

GARNITURE

340 g de chevreuil ou de filet de bœuf sans la membrane translucide et coupé en petits cubes de 6 mm de côté environ

12 g de sel

5 g de grains de poivre noir

1 pomme de terre à chair ferme de taille moyenne (environ 140 g), pelée et coupée en quatre dans le sens de la longueur

½ rutabaga (environ 140 g), pelé et coupé en deux dans le sens de la longueur

1 petit oignon jaune (environ 140 g), pelé et coupé en quatre

125 g de beurre doux coupé en petits cubes

MATÉRIEL NÉCESSAIRE

1 plaque de gros moules à muffins (6 pièces) antiadhésifs

Pour les Anglais, aucune viande ne vaut le chevreuil. Ce n'est pas parce qu'il s'agit d'une viande particulièrement délicieuse, même si beaucoup le pensent ! En fait, le chevreuil est considéré comme un mets de choix car c'est historiquement une viande réservée à l'élite. Du temps de Guillaume le Conquérant, il était illégal de chasser sur les terres royales sans la permission du souverain. Et comme la plupart des régions sauvages dans lesquelles vivaient les chevreuils se trouvaient sur les terres du roi, peu nombreux étaient ceux qui avaient l'honneur d'y goûter. Évidemment, si vous ne savez pas comment vous en procurer, la viande de bœuf sera un parfait substitut.

Notes du cuisinier : le blanc de bœuf est une graisse provenant, comme son nom l'indique, des bovins. Beaucoup d'Anglais utilisent du blanc de bœuf ou du suif pour ajouter une note plus riche à leurs pâtisseries. Pour qu'il se mélange mieux au reste des ingrédients, pensez à le râper à la main ou au robot avant de l'ajouter à votre préparation. Si vous préférez, vous pouvez également remplacer le blanc de bœuf dans cette recette par un poids équivalent de lard ou de beurre doux. Toutefois, le beurre ayant une teneur en eau plus élevée, commencez par ajouter 180 ml d'eau glacée (et non 200) et continuez ensuite d'ajouter l'eau une cuillerée à café à la fois jusqu'à ce que la pâte atteigne la bonne consistance.

Si vous êtes pressé par le temps, vous pouvez aussi sauter l'étape de la préparation de la pâte et acheter une pâte brisée dans le commerce. Pour la découpe, procédez comme indiqué dans la recette.

Cette recette peut facilement être doublée pour réaliser une douzaine de tourtelettes. Si vous choisissez cette option, préparez la pâte en deux fois afin de ne pas surcharger votre robot. Il vous suffira ensuite d'abaisser la pâte en quatre disques et de suivre le reste des étapes de la recette.

POUR LA PÂTE

Dans le bol d'un robot pâtissier, mélangez la farine et le sel. Ajoutez le blanc de bœuf et lancez le pétrissage jusqu'à ce que la pâte prenne l'aspect d'une semoule grossière. Ajoutez les quatre jaunes d'œufs et battez à nouveau jusqu'à ce qu'ils soient bien incorporés à la pâte et que celle-ci prenne une jolie couleur jaune pâle. Versez en filet les 200 ml d'eau tout en continuant à pétrir jusqu'à ce que les ingrédients fusionnent pour former une boule de pâte. N'hésitez pas à arrêter le batteur au moins une fois pour râcler les éclaboussures sur les bords du bol et vous assurer que le mélange est bien homogène. Si la pâte ne forme pas une boule, ce n'est pas un souci, mais elle doit se tenir lorsque vous la pincez entre vos doigts. Si tel n'est pas le cas, ajoutez une cuillerée à café d'eau et pétrissez à nouveau. Débarrassez la pâte sur une grande feuille de film alimentaire et pétrissez-la à la main pour former une boule homogène. Divisez-la en deux parts égales et abaissez chaque moitié en un disque de 2,5 cm d'épaisseur. Enveloppez chaque disque de film alimentaire et réservez-les au réfrigérateur pendant au moins 30 minutes.

☞ Recouvrez une plaque à pâtisserie de papier cuisson et mettez-la de côté. Si vous avez laissé la pâte au frais pendant 30 minutes, elle devrait être prête à être abaissée. Si vous l'y avez laissée plus longtemps et qu'elle est trop dure, laissez-la reposer à température ambiante jusqu'à ce que vous puissiez la travailler. Farinez légèrement votre plan de travail et votre rouleau à pâtisserie. Abaissez le premier disque jusqu'à l'obtention d'une épaisseur de 3 mm. Découpez trois cercles de 14,3 cm de diamètre et trois de 16,3 cm. Si vous n'avez pas d'emporte-pièces, servez-vous de bols ou de petites assiettes et découpez autour à l'aide d'un couteau bien aiguisé. Reformez une boule avec la pâte restante, étalez-la à nouveau et répétez l'opération autant de fois que possible. À la fin, récupérez les dernières chutes de pâtes, vous pourrez vous en servir pour décorer les mini-tourtes. Déposez les disques les plus petits sur la plaque que vous avez préparée, recouvrez-les de film alimentaire et réservez-les au réfrigérateur avec le reste de pâte.

☞ Placez votre plaque à muffins sur votre plan de travail. Prenez un des disques de 16,3 cm, centrez-le sur l'un des moules et appuyez délicatement pour enfoncer la pâte jusqu'au fond du moule. Remontez ensuite vers le haut en pressant la pâte pour qu'elle adhère aux bords du moule. Si elle se replie sur elle-même à un endroit, pas de panique, il vous suffit de la presser légèrement pour vous assurer qu'elle conserve la même épaisseur que le reste de la pâte. Avec le mouvement de pression, la pâte devrait dépasser du moule. Assurez-vous d'avoir au moins 6 mm de débord et découpez tout ce qui excède 1,3 cm avec la pointe d'un couteau bien aiguisé. Répétez l'opération avec les deux autres disques de 16,3 cm, puis couvrez la plaque de film alimentaire et réservez-la au réfrigérateur.

☞ Répétez toutes les étapes avec le second disque de pâte : découpez trois disques de 16,3 cm et trois de 14,3 cm, foncez les trois moules restants avec les trois disques de 16,3 cm, couvrez à nouveau de papier alimentaire et remettez la plaque au réfrigérateur. Abaissez les chutes de pâte pour obtenir une épaisseur de 3 mm, découpez des formes décoratives (comme des fleurs ou des feuilles) et placez-les au réfrigérateur sur la même plaque que les disques de 14,3 cm.

LORD COWPER :
Vous savez, Featherington,
je suis prêt à parier que vous
ne trouverez jamais un chevreuil
pareil en Amérique.

JACK FEATHERINGTON :
En effet, rien ne vaut
la cuisine anglaise.

POUR LA GARNITURE

☞ Ôtez tout l'excédent d'humidité de la viande avec une feuille de papier absorbant et transférez les cubes dans un saladier. Assaisonnez la viande avec 10 g de sel et le poivre noir puis mélangez. Réservez.

☞ Passez la pomme de terre, le rutabaga et l'oignon à la mandoline pour obtenir des tranches de 2 mm d'épaisseur. Réservez chacun des légumes dans un bol individuel.

POUR LE MONTAGE

☞ Positionnez une grille au milieu du four et préchauffez-le à 190 °C.

☞ Sortez la plaque de moules à muffins et les autres pièces de pâtes du réfrigérateur. Répartissez uniformément la viande dans les six moules recouverts de pâte. Déposez les rondelles de pommes de terre sur la viande et pressez légèrement pour enlever les bulles d'air. Faites de même avec le rutabaga, puis avec l'oignon. Assaisonnez d'une pincée de sel puis répartissez les petits cubes de beurre dans chaque tourtelette.

☞ Recouvrez chaque moule à muffin d'un disque de 14,3 cm. Pressez légèrement le dessus afin d'aplatir la garniture, puis soudez le chapeau de pâte aux bords qui dépassaient des moules. Roulez les bords bien soudés sur eux-mêmes pour former une croûte (n'hésitez pas à créer des formes avec le bout de vos doigts sur la croûte pour un rendu final plus élégant).

☞ Battez l'œuf entier en omelette puis badigeonnez le dessus de chaque tourtelette avec un pinceau. À l'aide d'un couteau bien aiguisé, faites un tout petit trou au centre de chaque chapeau pour créer une cheminée. Avant que la dorure à l'œuf ne sèche, déposez vos petites décorations en pâte sur les tourtelettes en prenant soin de ne pas recouvrir les cheminées, pressez-les délicatement pour les faire adhérer et badigeonnez-les d'œuf battu.

☞ Enfournez les tourtelettes pendant 40 minutes jusqu'à ce qu'elles aient pris une jolie teinte dorée et que vous commenciez à voir le beurre faire des bulles au niveau des cheminées. Sortez la plaque du four et laissez reposer les tourtes dans les moules pendant 10 minutes. Transférez délicatement les tourtelettes chaudes sur une grille et laissez tiédir 20 minutes avant de servir.

PROTOCOLE DES SOIRÉES DANSANTES

PREMIER GENTLEMAN :
Miss Bridgerton, m'accorderiez-vous la prochaine danse ?

SECOND GENTLEMAN :
Puis-je plutôt vous accompagner chercher un verre de limonade ? Vous semblez assoiffée.

PENELOPE :
Comment pouvez-vous le savoir ? Vous trouvez qu'elle a l'air de se flétrir ?

SECOND GENTLEMAN :
Du punch, si vous préférez ?

PENELOPE :
Il s'agissait d'un jeu de mot sur les plantes, si vous vous posiez la question.

ELOISE :
Toutes mes excuses, Messieurs. J'ai le regret de vous informer que mon carnet de bal est déjà plein.

PENELOPE :
Lord Byron ? Wellington ? Eloise, ce sont des faux noms !

ELOISE :
Je ne fais que suivre les judicieux conseils de ma sœur. Elle m'a dit qu'il était de la plus haute importance que le carnet de bal d'une lady soit rempli de tous les noms qui comptent.

Pour ceux d'entre nous qui n'ont pas été béni par les dieux du rythme, danser en public peut être une véritable torture. Alors imaginez, cher lecteur, que vos chances de mariage, et par extension votre espoir de connaître un avenir heureux et confortable, dépendent de votre capacité à danser gracieusement un quadrille. Voilà qui a de quoi faire trembler dès les premières notes de violon.

De tels enjeux expliquent pourquoi les jeunes femmes et les jeunes hommes de la noblesse anglaise prennent les bals avec autant de sérieux. Miss Kate Sharma s'est donné beaucoup de mal pour enseigner à sa sœur Edwina les pas du cotillon, du quadrille et de la valse car elle savait qu'aucun gentleman n'accepterait d'épouser une jeune femme pourvue de deux pieds gauches.

Le bal des Featherington

ORDRE DES DANSES

—

RÉEL ÉCOSSAIS
CONTREDANSE
COTILLON
QUADRILLE
VALSE

Apprendre les pas des danses les plus à la mode n'est que le début. Comme pour tout ce qui touche à la recherche du meilleur parti, la façon dont les jeunes lords et ladies doivent danser est régie par des règles strictes.

1.

Si vous organisez un bal, vous devrez déposer sur une table à l'entrée des carnets ainsi que des petits crayons destinés à vos invités. Ces carnets contiendront la liste de toutes les danses prévues lors de la soirée, dans l'ordre et suivie d'un petit espace vierge. Les convives pourront ainsi se munir de leur carnet dès leur arrivée. Les gentlemen les plus entreprenants pourront alors demander aux demoiselles de leur choix l'honneur de leur accorder une danse. Si elles acceptent, ils inscriront leur nom au crayon à côté de la danse choisie. Il est très impoli pour une lady de refuser une invitation, à moins qu'elle ait prévu de ne pas danser de toute la soirée.

2.

Les débutantes ne doivent pas danser avec le même gentleman plus de deux fois. À moins, bien sûr, qu'elles ne soient prêtes à endurer les messes basses sur des fiançailles à venir. « Avez-vous vraiment dansé avec la fille Bridgerton ? Deux fois ? » demande Will à son ami, le Duc d'Hastings, entre deux uppercuts lors de leur entraînement de boxe. Il est en effet plutôt choqué que celui-ci monopolise le temps d'un si beau parti alors qu'il n'a aucune intention de l'épouser.

3.

La valse est considérée comme la plus intime de toutes les danses. C'est pourquoi, pour celle-ci, une lady doit choisir son partenaire avec le plus grand soin. À part dans des cas très exceptionnels (si elle est invitée à danser par un prince Prussien, par exemple), une lady ne doit danser la valse qu'avec un gentleman qu'elle connaît bien.

CÔTELETTES D'AGNEAU GRILLÉES, SAUCE RELISH À LA GRENADE ET À LA MENTHE

Pour 12 pièces

12 petites côtelettes d'agneau

60 ml d'huile d'olive extra-vierge

3 gousses d'ail finement hachées

150 g de graines de grenade

1 petite échalote finement émincée

15 ml de vinaigre de vin rouge

1 bonne pincée de sucre

1 pincée de flocons de piment rouge

Sel et poivre du moulin

6 grosses feuilles de menthe fraîche

Selon certains érudits, ce n'est pas avec une pomme qu'Eve aurait été tentée mais avec une grenade. Celle-ci semble en effet valoir plus le coup – quel dommage de se faire bannir du Jardin d'Eden pour quelque chose d'aussi commun qu'une pomme. Dans cette recette, la sauce relish ornée de ces jolis petits grains grenat vient sublimer de petites mais succulentes côtelettes d'agneau, une alliance inattendue mais très réussie, un vrai feu d'artifices pour les papilles. Heureusement pour nous, nous n'avons aucune bonne raison de résister à cette délectable tentation.

Notes du cuisinier : la sauce relish est une préparation réalisée à partir de légumes, utilisée comme condiment dans de nombreuses recettes de différentes gastronomies à travers le monde. Elle n'est pas mixée ou liquide comme les autres sauces. En effet, dans cette préparation, il est possible de distinguer et d'identifier les différents cubes de légumes découpés qui y sont présents.

☛ Placez les côtelettes dans un grand saladier ou sur une plaque à pâtisserie et frottez chaque côté avec la moitié de l'huile d'olive et l'ail haché. Laissez la viande préparée à température ambiante environ 20 minutes.

☛ Pendant ce temps, dans un bol, mélangez les graines de grenade, l'échalote, le vinaigre, le reste d'huile d'olive, le sucre, les flocons de piment et une bonne pincée de sel. Réservez la sauce relish.

☛ Faites chauffer un gril à charbon, à gaz ou en fonte.

☛ Assaisonnez les côtelettes à votre goût et placez-les côte à côte sur la grille bien chaude. Laissez cuire 1 à 2 minutes jusqu'à ce que les bords soient bien grillés. Retournez les côtelettes et laissez cuire le second côté 1 minute pour une viande rosée, 2 minutes pour une viande à point.

☛ Transférez les côtelettes sur un grand plat et laissez reposer 5 minutes. Ciselez grossièrement les feuilles de menthe et ajoutez-les à la sauce relish. Versez la sauce dans un petit bol et servez-la avec les côtelettes. Vous pouvez également servir les côtelettes à l'assiette en les surmontant d'une bonne cuillerée de sauce.

COURGES RÔTIES, SAUCE AUX CERISES ET AU PORTO

Pour 6 personnes

30 g de beurre doux froid

½ oignon rouge finement émincé

Sel et poivre du moulin

340 g de cerises équeutées, coupées en deux et dénoyautées

Une bonne pincée de quatre-épices

120 ml de porto rouge

80 ml de vinaigre de vin rouge

85 g de miel

2 courges Delicata moyennes (environ 340 g chacune)

1 petit courgeron (environ 450 g)

30 ml d'huile d'olive extra-vierge

Quelques feuilles de persil plat pour la décoration

Chaque table de dîner a besoin d'un bon plat de légumes, surtout si vous envisagez de valser ensuite toute la nuit. Ces courges élégamment découpées constituent le plat parfait avant un bal : copieux sans être lourd, il vous donnera des forces sans vous empêcher de profiter comme il se doit des festivités.

Dans une casserole sur feu moyen, faites fondre 15 g de de beurre. Ajoutez l'oignon rouge, salez et poivrez et laissez dorer environ 5 minutes en remuant de temps en temps. Augmentez légèrement le feu, ajoutez les cerises et laissez cuire 5 minutes de plus, jusqu'à ce que les fruits commencent à ramollir et à rendre leur jus. Ajoutez le quatre-épices puis le porto et le vinaigre. Portez à ébullition et laissez cuire la sauce environ 15 minutes, en la remuant de temps en temps, jusqu'à ce qu'elle ait réduit de deux tiers environ. Dans le doute, mieux vaut qu'elle réduise trop que pas assez. Retirez la casserole du feu, ajoutez 60 g de miel et les 15 g de beurre restants. Mélangez jusqu'à ce que le beurre ait complètement fondu, puis versez la sauce dans un bol et laissez-la refroidir pendant que vous préparez la courge. En refroidissant, la sauce devrait épaissir encore un peu.

Positionnez une grille en bas de votre four et placez une plaque à pâtisserie dessus. Préchauffez le four à 230 °C.

Ôtez le pédoncule des courges Delicata puis coupez chacune en deux dans le sens de la longueur. Retirez les graines, puis coupez-les dans le sens de la largeur en tranches de 2 cm d'épaisseur environ. Placez tous les morceaux dans un grand saladier. Procédez de même avec le courgeron, en découpant des tranches d'environ 2,5 cm d'épaisseur, et placez les morceaux avec ceux de courges Delicata. Arrosez d'huile d'olive, assaisonnez à votre goût et mélangez pour bien imprégner chaque morceau. Déposez les courges sur la plaque du four en prenant soin de ne pas les superposer.

Laissez rôtir environ 20 minutes, jusqu'à ce que les morceaux de courges aient pris une jolie teinte brune. Sortez la plaque du four, retournez délicatement chaque morceau et remettez les courges à rôtir entre 10 et 15 minutes, jusqu'à ce que l'autre côté soit bien doré, lui aussi, et que la chair soit bien tendre.

☛ Retirez la plaque du four et laissez refroidir les courges dessus pendant 10 minutes. Les morceaux vont ainsi durcir un peu, ce qui vous permettra de les retirer plus facilement de la plaque. À ce moment-là, la sauce devrait avoir refroidi et épaissi. Ajoutez-y les 25 g de miel restants et assaisonnez à votre goût.

☛ Transférez les morceaux de courges rôties sur un grand plat. Versez un filet de sauce sur les légumes et décorez-les avec les feuilles de persil plat entières. Versez le reste de sauce dans un petit bol et servez-la avec le plat.

ETON MESS AUX FRUITS EXOTIQUES

Pour 8 personnes

3 blancs d'œufs
à température ambiante

½ cuillerée à café d'extrait
naturel de coco

1 bonne pincée de sel

1 g de crème de tartre

130 g de sucre glace
+ 75 g pour les fruits

340 g de kiwis pelés
et finement tranchés

340 g de papaye pelée
et finement tranchée

Les graines et la pulpe
de 2 gros fruits de la Passion
(140 à 170 g environ)

480 ml de crème fleurette
bien froide

Quand son cuisinier lui a présenté un dessert dont le nom comportait le mot *mess* (pagaille en anglais), Portia Featherington a tout d'abord envisagé de le renvoyer. Mais après avoir goûté une bouchée de ce mélange de meringue, de crème et de fruits exotiques, elle a réalisé quelle erreur cela aurait été. Bien évidemment, elle n'aurait jamais admis cette erreur à voix haute. Elle s'est donc juste contentée de sourire et de prendre une autre cuillerée de ce délicieux mess.

Notes du cuisinier : vous pouvez acheter des meringues dans le commerce plutôt que de les faire vous-même. Vous pouvez également proposer à vos convives une version plus délicate de ce dessert en servant l'Éton Mess dans des petites verrines.

☛ Préchauffez le four à 95 °C. Recouvrez une plaque à pâtisserie d'une feuille de papier cuisson.

☛ Dans le bol d'un robot pâtissier, fouettez les blancs d'œuf avec l'extrait de coco, le sel et la crème de tartre. Battez à vitesse moyenne pendant 2 minutes jusqu'à ce que des petits pics se forment en surface. Augmentez la vitesse du batteur et ajoutez 130 g de sucre glace, une cuillerée à café à la fois toutes les 15 à 20 secondes. Continuez à battre environ 5 minutes, jusqu'à incorporation complète du sucre. Raclez les bords du bol et continuez à battre à vitesse moyenne pendant 2 minutes environ, jusqu'à ce que la meringue soit bien lisse, bien blanche et surtout très dense.

☛ Transférez la meringue dans une grande poche à douilles équipée d'une grosse douille ronde ou en étoile. Déposez une petite quantité de meringue aux quatre coins de la plaque afin de coller le papier cuisson. Cela évitera qu'il ne bouge pendant la cuisson. Pochez des meringues de 4 cm de large sur la plaque (environ 32 pièces). Les meringues ne vont pas s'élargir, elles peuvent donc être relativement serrées. Elles n'ont pas non plus à être parfaitement dessinées car pour cette recette, elles seront cassées en morceaux. Enfournez les meringues pendant trois heures, puis arrêtez le four et laissez les meringues y refroidir doucement pendant 2 heures environ, jusqu'à ce qu'elles soient sèches au toucher et qu'elles se décollent facilement du papier cuisson. Vous pourrez conserver les meringues dans un contenant hermétiquement fermé à température ambiante jusqu'à 5 jours (attention, si elles restent à l'air libre top longtemps, elles vont devenir collantes).

→

☞ Au moment de servir, mélangez dans un bol le kiwi, la papaye, le fruit de la Passion et 25 g de sucre glace, puis laissez reposer environ 10 minutes jusqu'à ce que le sucre soit complètement dissous dans le jus des fruits. Pendant ce temps, dans le bol de votre robot pâtissier, battez la crème fleurette en chantilly avec les 50 g de sucre glace restants pendant environ 3 minutes à vitesse moyenne, jusqu'à ce que des petits pics se forment à la surface.

☞ Sortez les meringues froides du four et utilisez un couteau à dents pour les couper en quatre ou en six (ce n'est pas grave si certains morceaux s'émiettent).

☞ Sortez huit coupes à dessert (ou des petits bols) et dressez votre Eton Mess en alternant les couches de crème chantilly, de fruits et de morceaux de meringue. Terminez par une bonne cuillerée de chantilly et quelques fruits en décoration. Servez.

COMMENT RÉALISER UNE PIÈCE MONTÉE EN MACARONS

Dans les années qui ont suivi la Révolution de 1789, beaucoup de chefs cuisiniers français fuyant la guillotine ont atterri sur les côtes anglaises. Les meilleurs d'entre eux ont rapidement été recrutés par les grandes maisons de l'aristocratie afin de diriger leurs cuisines. Le prince régent lui-même paya une somme extraordinaire pour s'attacher les services du célèbre Antonin Carême, qui travailla ainsi plusieurs mois à Carlton House, la résidence royale londonienne. Les confiseries proposées sur un plateau à l'arrivée des invités étaient le signe incontestable qu'un pâtissier français œuvrait en cuisine. Les macarons sont particulièrement prisés, mais notoirement compliqués à réaliser, c'est pourquoi nous encourageons les lecteurs qui n'ont pas de chef à leur disposition à tout simplement les acheter chez un bon pâtissier. Même s'ils ne sont pas faits maison, vous pourrez toujours fièrement les présenter. Pensez par exemple à les proposer sous forme de pièce montée. Si, en voyant votre composition, vos invités supposent que c'est vous qui les avez faits, inutile de les détromper.

ÉLÉMENTS NÉCESSAIRES

- Du fondant pâtissier, acheté dans un magasin spécialisé ou au supermarché
- Un cône en polystyrène, acheté dans un magasin spécialisé (pour la taille, libre à vous de choisir celle qui vous convient)
- Du sirop de glucose
- Un pinceau
- Du sucre glace
- De la poudre de meringue
- Des macarons

1.

Tout d'abord, préparez la base de votre pièce montée. Étalez le fondant en une fine couche aussi haute que votre cône. À l'aide d'un pinceau, badigeonnez un côté du fondant de sirop de glucose (cela l'aidera à adhérer au polystyrène). Posez le cône sur le fondant et pressez pour le faire adhérer avant de le faire rouler jusqu'à ce

qu'il soit entièrement recouvert. Coupez l'excédent de fondant au sommet et utilisez vos doigts pour lisser le haut du cône ainsi que la jointure sur le côté. Si vous le souhaitez, vous pouvez utiliser une petite noisette de sirop de glucose pour fixer votre cône sur votre plat.

2.

Préparez ensuite une colle comestible. La glace royale, par exemple, est ce qui fonctionne le mieux. Dans un saladier, ménagez 455 g de sucre glace et 15 g de poudre de meringue. Ajoutez 75 ml d'eau et fouettez au batteur électrique à vitesse moyenne pendant 2 minutes environ, en ajoutant un peu plus d'eau si besoin, jusqu'à ce que la glace royale soit épaisse et brillante (si vous le souhaitez, vous pouvez y ajouter un colorant alimentaire afin qu'elle soit de la même couleur que vos macarons). Transférez la glace royale dans un petit sac congélation et coupez un des coins.

3.

Il est maintenant temps d'assembler votre pièce montée. Pochez une bonne dose de glace royale au dos d'un macaron. En partant du bas du cône, fixez le macaron en appuyant légèrement. Travaillez rang après rang, du bas jusqu'en haut. Vous devrez probablement jouer un peu avec les espaces entre les macarons (en les limitant au maximum) afin de vous assurer que chaque rang est homogène. Si les macarons commencent à glisser, patientez quelques minutes entre chaque rangée afin de laisser la glace royale durcir complètement.

4.

Quand vous arrivez en haut de votre pièce montée, si vous le souhaitez, vous pouvez fixer un macaron à plat au sommet du cône afin de ne laisser aucune partie du fondant visible.

PETITS CHOUX, CRÈME PÂTISSIÈRE AUX BAIES ROSES ET FRAISES AU CHAMPAGNE

Pour 60 pièces environ

CRÈME PÂTISSIÈRE AUX BAIES ROSES

360 ml de lait entier

360 ml de crème fleurette

130 g de sucre en poudre

2 g de sel

45 g de fécule de maïs

5 jaunes d'œufs
à température ambiante

10 ml d'extrait de vanille

40 g de beurre doux bien froid
coupé en petits cubes

10 g de baies roses légèrement
concassées

PÂTE À CHOUX

175 ml d'eau

120 ml de lait entier

140 g de beurre doux,
coupé en 8 à 10 morceaux

6 g de sucre en poudre

Une pincée de sel

175 g de farine T55

5 gros œufs à température
ambiante

Si vous remarquez que vos invités s'attardent devant leur dessert plutôt que de danser ou de discuter avec d'éventuels prétendants, n'allez pas imaginer qu'il s'agit de grands timides. C'est peut-être tout simplement parce qu'ils sont tombés sous le charme de ces adorables petits choux, avec leur crème décadente et leur garniture à la fraise et au champagne : il est rare de trouver quelqu'un ayant une conversation plus intéressante qu'un bon chou à la crème.

Notes du cuisinier : cette recette prévoit des quantités suffisantes pour régaler une large foule, mais si vous ne souhaitez pas faire tous les choux en même temps, vous pouvez conserver la pâte pour un usage ultérieur. Bien emballée, elle se conserve très bien 3 jours au réfrigérateur et 3 mois au congélateur. Si vous décidez de la congeler, laissez-la décongeler une nuit entière au réfrigérateur avant de l'utiliser.

POUR LA CRÈME PÂTISSIÈRE

Dans une casserole sur feu moyen, mélangez le lait, 240 ml de crème fleurette, 65 g de sucre et le sel. Faites chauffer doucement pendant 10 minutes, en remuant de temps en temps jusqu'à ce que le sucre soit complètement dissous. Arrêtez le feu. Placez un chinois sur un saladier et mettez-les de côté.

Dans un grand saladier, mélangez la fécule de maïs, les jaunes d'œuf et les 65 g de sucre restants jusqu'à l'obtention d'une texture lisse. Ajoutez lentement la moitié de la préparation à base de de lait chaud tout en continuant de mélanger jusqu'à incorporation complète. Répétez ensuite l'opération avec la seconde moitié.

Retransférez la préparation dans la casserole et placez-la sur feu moyen. Laissez chauffer environ 20 minutes en remuant en permanence, jusqu'à ce que la préparation se mette à fumer et que sa consistance prenne celle d'une pâte à pudding assez épaisse. Prenez le temps nécessaire pour cette étape afin d'éviter de brûler le lait et la crème. Retirez la casserole du feu, ajoutez l'extrait de vanille et le beurre puis remuez jusqu'à ce que la crème soit bien lisse et brillante.

Passez la crème pâtissière au tamis dans la passoire que vous aviez préparée (utilisez une maryse pour bien faire tomber toute la crème dans le saladier). Ajoutez les baies roses. Recouvrez de film alimentaire au contact et laissez refroidir à température ambiante pendant 30 minutes avant de mettre la crème au réfrigérateur pendant au moins 2 heures.

☛ Une fois la crème pâtissière complètement refroidie, versez les 120 ml de crème fleurette restants dans un grand saladier et montez-la au fouet à main ou au batteur électrique jusqu'à ce que de petits pics se forment à la surface. Poussez la crème montée sur un des côtés du saladier. Sortez la crème pâtissière du réfrigérateur et donnez-lui un bon coup de fouet pour la détendre. Versez la crème pâtissière dans le saladier à côté de la crème montée. À l'aide de la maryse, incorporez délicatement la crème montée à la crème pâtissière. Transférez la crème dans une poche équipée d'une large douille en étoile et réservez au réfrigérateur jusqu'au moment de vous en servir.

POUR LA PÂTE À CHOUX

☛ Positionnez deux grilles dans votre four, l'une en haut, l'autre en bas, et préchauffez à 220 °C. Recouvrez deux plaques à pâtisserie de papier cuisson et mettez-les de côté.

☛ Dans une casserole sur feu vif mélangez l'eau, le lait, le beurre, le sucre, le sel et laissez chauffer 5 à 8 minutes, en remuant de temps en temps. À la première ébullition, retirez la casserole du feu, ajoutez la farine d'un coup et mélangez énergiquement avec une cuillère en bois pour former une pâte. Remettez la casserole sur le feu après l'avoir baissé (feu moyen) et travaillez la pâte environ 3 minutes avec la cuillère en bois pour la dessécher (elle doit se détacher complètement de la casserole).

☛ Transférez la pâte dans un grand saladier et laissez tiédir pendant 10 minutes en remuant de temps en temps pour aider la préparation à laisser échapper la chaleur. Cassez les œufs dans un récipient à part. Une fois les 10 minutes passées, versez un premier œuf dans la préparation et utilisez un batteur électrique à vitesse moyenne pour mélanger jusqu'à incorporation complète. Ajoutez ensuite les quatre œufs restants, un à un, et mélangez jusqu'à l'obtention d'une pâte lisse et brillante.

☛ Transférez la moitié de la pâte dans une poche (ou un grand sac congélation) munie d'une grosse douille ronde de 1,3 cm. Déposez une petite noisette de pâte aux quatre coins de la plaque et collez le papier cuisson par-dessus. Cela l'empêchera de bouger pendant la cuisson. D'un simple mouvement de haut en bas (pas de tourbillon), pochez une trentaine de petits monticules de pâte d'environ 3 cm de large sur 2,5 cm de haut en les espaçant d'environ 2,5 cm. Humidifiez légèrement le bout de votre doigt et tapotez doucement les petites pointes au sommet des choux. Remplissez votre poche à douille avec la seconde moitié de pâte et répétez l'opération sur la deuxième plaque.

Enfournez les deux plaques et laissez cuire 15 minutes avant de baisser la température à 190 °C. Laissez cuire les choux encore 15 à 20 minutes, jusqu'à ce qu'ils soient bien dorés et croustillants et qu'ils sonnent creux quand on les tapote. Sortez-les du four et, de la pointe d'un couteau, percez un minuscule trou sur le côté de tous les choux afin de laisser s'échapper la vapeur (cela permettra qu'ils restent croustillants). Replacez les plaques dans le four éteint en laissant la porte entrouverte de 5 cm et laissez les choux tiédir pendant 30 minutes. Transférez-les ensuite sur une volette et laissez-les refroidir complètement.

FRAISES MACÉRÉES AU CHAMPAGNE

225 g de petites fraises équeutées et coupées en tranches de 3 mm d'épaisseur (coupées en deux si les fraises sont grosses)

60 ml de champagne brut

25 g de sucre en poudre

SUCRE ROSE À LA FRAISE

30 g de sucre glace

15 g de fraises lyophilisées

POUR LES FRAISES MACÉRÉES

Dans un saladier, mélangez les fraises, le champagne et le sucre. Laissez macérer pendant 15 minutes environ, en remuant de temps en temps, jusqu'à ce que le sucre soit complètement dissous et que les fraises aient rendu leur jus.

POUR LE SUCRE ROSE AUX FRAISES

À l'aide d'une passoire à maille fine, tamisez le sucre glace dans un petit bol et réservez. Placez les fraises lyophilisées dans un moulin à épices et réduisez-les en poudre fine. Versez cette poudre dans la passoire et tamisez-la au-dessus du bol de sucre (jetez les grains qui seront restés au fond dans la passoire). Mélangez bien la poudre de fraise et le sucre et réservez.

POUR LE MONTAGE

Avec un couteau à dents, coupez délicatement le haut de chaque chou et remplissez-les de crème. À l'aide d'une fourchette ou de pinces, récupérez les tranches de fraises dans le sirop et déposez-les sur la crème avant de les recouvrir avec les chapeaux. Pour finir, saupoudrez les choux avec le sucre à la fraise.

Placez les choux sur un grand plat ou sur un plat à étages et servez immédiatement.

SMASH AU BOURBON ET À LA PÊCHE

« Il n'y a pas de mine de pierres précieuses en Géorgie. »
— Colin Bridgerton à Penelope Featherington

Pour 1 verre

5 feuilles de menthe
+ 1 brin pour la décoration

3 tranches de pêche

½ citron coupé en quatre

30 ml de liqueur d'orange, comme du Cointreau ou du triple sec

7 ml de sirop de sucre (page 62 – optionnel, uniquement si vous préférez un cocktail un peu plus doux)

60 ml de bourbon

De la glace pilée

Des glaçons, selon votre goût

Le nouveau Lord Featherington s'était peut-être révélé n'être qu'un misérable charlatan – ses « rubis américains » n'étaient rien d'autre que des faux très convaincants, comme tous ceux qui ont voyagé dans les anciennes colonies auraient pu vous le dire. Mais au cours de ses voyages, il a tout de même découvert deux véritables trésors : le bourbon du Kentucky et les pêches de Géorgie qui, ensemble, sont un délice pour les papilles. Ce rafraîchissant cocktail vous permettra donc sans doute de digérer le fait d'avoir été escroqué par cet ersatz de lord.

Placez les feuilles de menthe, deux tranches de pêche, la liqueur d'orange et le sirop de sucre (optionnel) dans un shaker. Mélangez les ingrédients, puis ajoutez le bourbon et remplissez le shaker de glace pilée. Secouez le cocktail jusqu'à ce qu'il soit bien froid, puis versez-le dans un verre rempli de glaçons. Découpez la tranche de pêche restante et utilisez-la pour décorer le bord du verre. Plongez-y ensuite le brin de menthe et servez.

5

Le salon de perdition de Lady Danbury

« Étant donné la façon dont vous vous divertissez, je crois plutôt que c'est vous, la grande gagnante, Lady Danbury. »

—Daphné Bridgerton

Les gentlemen de la haute société aiment se retrouver dans leurs clubs, où ils partent du principe, avec une certaine suffisance, qu'ils sont les seuls à pouvoir consommer tabac et spiritueux et prendre part à des jeux de hasard. Peu d'entre eux le savent, mais les femmes mariées et les veuves ont elles aussi leurs propres soirées privées. Derrière les lourdes portes du salon de Lady Danbury, les grandes dames un peu guindées de la haute société londonienne se débrident sans scrupules. Elles fument, boivent, jouent et échangent des ragots en toute impunité. Ou, comme l'a si artistiquement expliqué Lady Trowbridge à Daphné lors de la première visite de celle-ci : « Tout d'abord, une femme prend un mari, et ensuite, nous, les joueuses, nous prenons sa vertu ».

Si vous décidez d'organiser votre propre « salon de perdition », ce sera à vous de décider quelle sorte de comportement libertin vous voulez y voir s'épanouir. Peut-être interdirez-vous les tissus rigides et insisterez auprès de vos invités pour qu'ils ne portent que les matières les plus douces, comme la soie, le velours ou le cuir. Peut-être choisirez-vous d'éparpiller des coussins moelleux et des plaids sur le sol afin que vos convives puissent s'installer confortablement pour profiter de leurs rafraîchissements. Mais, par pitié, ne limitez pas vos invitations aux seules femmes mariées. Tous les gens, en couple ou non, méritent de passer une soirée libre de toute responsabilité et de toute respectabilité.

ORGANISEZ VOTRE

Soirée jeux

Aimez-vous les paris, gros ou petits ? Préférez-vous jouer à un bon jeu plutôt que de passer des heures à discuter de tout et de rien ? Si oui, vous êtes à la bonne page : organisez une soirée jeux stylée, inspirée par l'inimitable Lady Danbury. Invitez les plus compétiteurs de vos amis (vous savez de qui il s'agit), offrez-leur plusieurs options de jeux (vous ne saurez jamais à l'avance lequel sera le plus apprécié) et préparez quelques bonnes petites choses à manger et à boire afin que vos convives ne quittent pas la table.

DÉCOR

Pour cette soirée, oubliez les couleurs pastel ou le blanc virginal. Si un invité trop empressé renverse du vin rouge en se penchant pour atteindre les cartes ou en bondissant de joie suite à une victoire, votre joli linge de maison ne s'en remettra pas. Optez pour de la feutrine verte ou un beau velours noir pour recouvrir les tables. Privilégiez les petites lampes de tables, posées directement sur les tables de jeux, afin de créer une lumière tamisée. Mettez aussi à disposition différents jeux de cartes, des jetons de poker et plusieurs livrets contenant toutes les règles des différents jeux proposés. Vous pouvez également placer à proximité un échiquier ancien, un plateau de backgammon et des gobelets contenant des dés afin de favoriser les jeux en tête à tête. Enfin, placez votre buffet au centre de la pièce et décorez-le de bougies de couleurs vives, accompagnées d'un bouquet de roses Crimson et de dahlias noirs et de bols remplis de kakis et de raisins bien juteux.

MENU

Vos invités auront des cartes dans une main et un en-cas ou un verre dans l'autre, alors prévoyez des choses faciles à manger avec les doigts. Gardez les salades pour un autre jour et misez plutôt sur de jolies bouchées comme les Œufs mimosa teints à la betterave et au curcuma (page 141), les Figues farcies au miel et au fromage de chèvre (page 148) ou les Champignons farcis à la saucisse (page 139). Accompagnés d'expresso martini, ces hors d'œuvres copieux donneront à vos convives toute l'énergie nécessaire pour une longue nuit de jeu.

Parier était un passe-temps populaire chez les aristocrates de la Régence, et malheureusement, il n'était pas rare de voir un gentleman perdre toute la fortune familiale au jeu. Si vous donnez aux jetons de toutes petites valeurs (20 centimes, 50 centimes ou 1 euro), vos invités pourront jouer toute la nuit sans craindre de se ruiner.

FEUILLETÉS AU BRIE ET COMPOTE ANANAS-RAISINS

Pour 12 pièces

30 g de raisins secs

30 ml de rhum ambré

340 g d'ananas bien mûr finement émincé

20 g de mélasse noire *(voir les Notes du cuisinier, page 151)*

Une pincée de sel

115 g de brie froid

Un peu de beurre doux pour la plaque à pâtisserie

Un peu de farine T55

1 pâte feuilletée

1 œuf

MATÉRIEL NÉCESSAIRE

1 plaque de petits moules à muffins (12 pièces)

Aucun fruit ne faisait autant fantasmer l'aristocratie anglaise sous la Régence que l'ananas. À Mayfair, placer un de ces fruits magistraux sur votre table donnait immédiatement à vos convives l'indication que vous aviez à la fois de l'argent et des relations. Les amateurs les plus riches sont même allés jusqu'à installer des serres à ananas sur leurs domaines. Se procurer ces beaux fruits dorés n'est donc évidemment pas un souci pour Lady Danbury, et avec ces délicieuses bouchées au brie et à l'ananas, elle signifie subtilement à ses invités qu'aucun mets n'est trop précieux pour sa majestueuse table.

Dans un bol, mélangez les raisins secs et le rhum et réservez à température ambiante pendant 30 minutes.

Dans une casserole sur feu moyen, mélangez l'ananas, la mélasse, une pincée de sel et une grosse cuillerée d'eau. Laissez cuire pendant 5 minutes en remuant de temps en temps. Aux premiers signes d'ébullition, baissez le feu pour maintenir un frémissement et laissez cuire 10 minutes de plus, jusqu'à ce que l'ananas soit bien tendre. Retirez un peu plus de la moitié de l'ananas avec une écumoire et réservez-le dans un petit saladier. Ajoutez les raisins mouillés au rhum à l'ananas restant dans la casserole et poursuivez la cuisson pendant 10 minutes environ, jusqu'à ce que la sauce ait bien réduit. Versez le tout dans le saladier contenant l'ananas, mélangez bien et laissez refroidir complètement. La compote d'ananas et de raisins va continuer d'épaissir en refroidissant.

Coupez le brie en 12 cubes de 2,5 cm de côté environ. S'il vous reste du fromage, coupez-le en 12 morceaux de taille équivalente. Déposez le fromage sur une assiette et réservez-le au réfrigérateur jusqu'au moment de vous en servir.

Beurrez généreusement un moule à petits muffins (12 pièces) et mettez-le de côté.

Farinez légèrement votre plan de travail et abaissez la pâte feuilletée pour obtenir un carré de 25 cm de côté. Découpez ce carré en trois bandes de même largeur puis découpez chaque bande en quatre morceaux de taille égale (12 pièces au total). Cassez l'œuf dans un ramequin, ajoutez-y une cuillerée d'eau et fouettez jusqu'à ce que le mélange soit bien homogène. Mettez l'œuf battu de côté.

Déposez un morceau de pâte feuilletée au centre de chaque moule à muffin et, à l'aide de vos doigts, enfoncez-le délicatement jusqu'au fond en laissant dépasser les quatre pointes hors des moules. Placez un morceau de brie dans chaque moule, puis répartissez les petits morceaux de fromage supplémentaires. Recouvrez le fromage avec la compote d'ananas et de raisins (sans le jus). Badigeonnez les quatre pointes de pâte avec l'œuf battu et rabattez-les sur la compote en les faisant se chevaucher légèrement pour que la pâte adhère, tout en laissant apparaître la farce par endroit. Réservez les bouchées feuilletées au réfrigérateur pendant 20 minutes, le temps de préchauffer le four.

☛ Préchauffez le four à 200 °C.

☛ Badigeonnez les bouchées avec l'œuf battu et enfournez-les pendant 20 minutes. Faites pivoter le moule et baissez la température du four à 175 °C. Laissez cuire encore 5 à 10 minutes, jusqu'à ce que la pâte feuilletée ait pris une jolie couleur dorée.

☛ Sortez le moule à muffins du four et laissez-le refroidir 5 minutes sur une grille. Passez une petite spatule ou la lame d'un couteau à beurre sur les côtés des bouchées pour décoller les bords, sortez-les des moules et déposez-les sur un plat. Servez tant qu'elles sont encore chaudes et bien brillantes.

SCONES BACON, STILTON ET CIBOULETTE, CONFIT D'ÉCHALOTES AU PORTO BLANC

Pour 24 scones

8 tranches de bacon

420 g de farine T55 + 1 poignée pour le plan de travail

17 g de levure chimique

25 g de sucre

12 g de sel fin

85 g de beurre doux froid coupé en petits cubes

85 g de fromage stilton en copeaux

25 g de ciboulette finement émincée

395 ml de crème fleurette bien froide + 1 ou 2 cuillerées pour faire briller les scones

Confit d'échalotes au porto blanc *(recette ci-après, voir les Notes du cuisinier)*

Ces petits scones sont la gourmandise parfaite pour les amoureux des fromages anglais. La bienséance veut qu'ils soient rompus à la main et non coupés avec un couteau. Au contact de la lame, la pâte pourrait en effet devenir collante et compacte.

***Notes du cuisinier :** si vous préférez ne pas faire le confit vous-même, vous pouvez servir les scones avec un confit d'oignons ou une confiture de figues achetés dans le commerce.*

☛ Préchauffez le four à 190 °C. Recouvrez une plaque à rebords d'une feuille de papier aluminium et une plaque à pâtisserie d'une feuille de papier cuisson. Préparez également plusieurs feuilles de papier absorbant et déposez-les sur une assiette. Mettez le tout de côté.

☛ Déposez le bacon sur le papier aluminium en une seule couche et enfournez pendant 25 minutes, jusqu'à ce qu'il soit bien croustillant. Éteignez le four, sortez la plaque et transférez les tranches de bacon sur l'assiette recouverte de papier absorbant. Laissez refroidir.

☛ Dans un saladier, mélangez la farine, la levure, le sucre et le sel. Émincez grossièrement le bacon refroidi et réservez.

☛ Ajoutez le beurre au mélange de farine et travaillez-le du bout des doigts pour l'incorporer à la pâte afin d'obtenir une sorte de crumble. Ajoutez le fromage, la ciboulette et le bacon et mélangez, toujours avec vos mains, jusqu'à ce que les ingrédients soient entièrement intégrés au crumble. Versez un tiers de la crème fleurette sur les ingrédients secs et mélangez. Répétez l'opération deux fois jusqu'à incorporation totale de la crème pour obtenir une boule de pâte homogène, sans être complètement lisse.

☛ Farinez légèrement votre plan de travail. Divisez la pâte en deux. De la paume de la main, abaissez chaque moitié de pâte pour former des disques d'environ 15 cm de diamètre sur 2 cm d'épaisseur. À l'aide d'un couteau ou d'un emporte-pièce, découpez 12 petits disques dans chaque moitié de pâte (24 scones au total). Placez les disques sur la plaque recouverte de papier cuisson en laissant un bon espace entre chaque.

☛ Réservez les scones au réfrigérateur pendant 20 minutes le temps de préchauffer le four à 220 °C.

→

☞ Badigeonnez les scones de crème fleurette et enfournez pendant 20 minutes, jusqu'à ce qu'ils soient bien gonflés et dorés (faites pivoter la plaque au bout de 10 minutes pour une cuisson homogène). Sortez les scones du four et laissez-les tiédir pendant 10 minutes sur la plaque. Transférez-les ensuite sur un plateau et servez-les avec le confit.

M. FINCH :
Oh ! Quelle robe adorable !
Presque exactement la même teinte
que le Gloucester que votre mère
a servi cet après-midi avec le thé.
J'aime tellement le fromage.

PHILIPPA FEATHERINGTON :
Moi aussi, Monsieur Finch !
Même si, je dois bien l'avouer,
je préfère le stilton au cheddar.

CONFIT D'ÉCHALOTES AU PORTO BLANC POUR ENVIRON 170 G

22 g de beurre doux

20 g d'huile végétale

900 g de grosses échalotes finement émincées

Sel et poivre du moulin

175 ml de porto blanc

60 ml de vinaigre de vin blanc

50 g de sucre roux

Un peu de thym

De l'eau (optionnel)

☞ Dans une cocotte en fonte ou en Inox sur feu moyen, mélangez le beurre et l'huile végétale et faites chauffer jusqu'à ce que le mélange commence à fumer. Ajoutez les échalotes, salez et poivrez puis laissez cuire environ 20 minutes en remuant de temps en temps jusqu'à ce qu'elles aient ramolli et bruni et qu'elles commencent à accrocher au fond de la cocotte.

☞ Déglacez avec le porto et 45 ml de vinaigre, puis ajoutez 30 g de sucre roux. À l'aide d'une cuillère en bois, grattez le fonds de la cocotte pour bien récupérer tous les sucs. Baissez le feu, ajoutez le thym et laissez cuire environ 1 heure de plus en remuant de temps en temps jusqu'à ce que les échalotes soient bien confites. Si la préparation commence à s'assécher ou à attacher au fond de la cocotte, ajoutez un peu d'eau. Une fois les échalotes bien caramélisées, ajoutez le vinaigre et le sucre roux restants et un peu d'eau puis laissez cuire jusqu'à ce que le sucre ait complètement fondu. Salez, poivrez, puis transférez le confit dans un bol. Servez-le chaud ou à température ambiante.

☞ Vous pourrez conserver le restant de confit d'échalotes au réfrigérateur pendant 7 jours dans un récipient hermétiquement fermé.

CHAMPIGNONS FARCIS À LA SAUCISSE ET CHAPELURE À LA MOUTARDE

Pour 16 pièces

16 gros champignons de Paris (environ 450 g)

30 ml d'huile végétale

Sel et poivre du moulin

115 g de saucisse anglaise cuite *(voir les Notes du cuisinier)*, débarrassée de sa peau et émiettée

1 petite échalote finement émincée

½ poivron rouge finement émincé

30 ml de crème fleurette

35 g de chapelure panko

57 g de vieux cheddar émietté

5 g de persil plat finement ciselé

15 g de beurre doux

1 gousse d'ail finement hachée

1 bonne pincée de paprika fumé

1 bonne pincée de poudre de moutarde

Quand vous entendez l'expression *finger food*, vous pensez peut-être à de délicats petits canapés qui sont un ravissement pour les yeux, mais un peu légers pour l'estomac. Ces bouchées au champignon n'ont sans doute rien de raffiné ou de délicat, mais avec leur farce à la saucisse fumée accompagnée d'un fromage fort en goût, d'une chapelure bien aillée et relevée d'une touche piquante de moutarde et de piment, elles sont sans aucun doute aussi savoureuses que nourrissantes.

Notes du cuisinier : si vous ne trouvez pas de saucisses anglaises près de chez vous, n'importe quelle bonne saucisse de porc fera l'affaire.

Préchauffez le four à 200 °C.

Émincez finement les pieds des champignons et réservez. Placez les têtes de champignons à l'envers sur une plaque à pâtisserie et badigeonnez-les avec la moitié de l'huile. Enfournez environ 10 minutes, jusqu'à ce qu'ils commencent à ramollir. Retirez la plaque du four et jetez le jus qui s'est formé dans les champignons. Salez et poivrez légèrement, puis réservez.

Dans une grande poêle sur feu moyen, faites chauffer les 15 ml d'huile restants. Ajoutez la chair à saucisse et les pieds de champignons et laissez cuire 6 à 8 minutes, en remuant de temps en temps, jusqu'à ce que la viande commence à brunir et que les champignons soient bien tendres. Ajoutez l'échalote et le poivron, assaisonnez et laissez cuire encore 6 à 8 minutes, en remuant de temps en temps, jusqu'à ce que les légumes soient cuits. Transférez la préparation dans le bol d'un robot, versez la crème fleurette, 15 g de panko, le fromage émietté et la moitié du persil et mixez jusqu'à l'obtention d'une farce homogène. Goûtez et assaisonnez à votre convenance.

À l'aide d'une cuillère, déposez une bonne quantité de farce dans chaque champignon en tassant légèrement. Enfournez entre 17 et 20 minutes, jusqu'à ce que le fromage ait fondu et que la farce commence à prendre une jolie teinte dorée.

Pendant ce temps, dans une poêle sur feu moyen, faites fondre le beurre. Ajoutez l'ail haché et laissez cuire 30 secondes sans cesser de remuer. Ajoutez les 20 g de panko restants, le paprika, la poudre de moutarde, une bonne pincée de sel et quelques tours de moulin à poivre. Torréfiez la chapelure pendant 6 à 8 minutes, sans cesser de remuer, jusqu'à ce qu'elle commence à brunir. Débarrassez la chapelure dans un petit bol, ajoutez le persil restant et mélangez.

Sortez les champignons du four et parsemez-les de chapelure. Déposez-les ensuite sur un plateau et servez.

ŒUFS MIMOSA COLORÉS

Pour 24 pièces

170 g de betterave rouge (1 grosse ou 2 petites) bien nettoyée

950 ml d'eau

240 ml de vinaigre blanc de cuisine

35 g de sucre en poudre

2 feuilles de laurier

Sel et poivre du moulin

10 g de curcuma en poudre

12 œufs *(voir les Notes du cuisinier)*

120 g de mayonnaise

30 g de moutarde à l'ancienne

3 g de feuilles de cerfeuil grossièrement ciselées + quelques feuilles entières pour la décoration

Ce n'est pas une coïncidence si ces œufs mimosas teints avec du jus de betterave s'accordent parfaitement aux tenues pourpres et violettes que Lady Danbury porte si souvent. Les pièces phares de sa garde-robe lui permettent de mettre en avant sa force et son autorité à chaque fois qu'elle pénètre dans une pièce. La couleur intense de ces œufs produit le même effet : elle surprend, sidère puis, finalement, ravit les yeux. Bien qu'elle ne porte pas de jaune (elle laisse ça à cette pauvre Miss Penelope Featherington), Lady Danbury aime également le doré lumineux des œufs teints au curcuma.

***Notes du cuisinier :** les œufs un peu moins frais ont tendance à être plus facile à écaler. Alors si possible, utilisez plutôt des œufs qui ont été pondus depuis au moins une semaine. Avec le temps, les membranes interne et externe collent moins au blanc, ce qui rend les coquilles plus faciles à enlever.*

☛ Râpez grossièrement les betteraves dans une casserole en prenant soin de bien récupérer tout le jus. Ajoutez 475 ml d'eau, 125 ml de vinaigre blanc, la moitié du sucre, une feuille de laurier et 5 g de sel. Placez la casserole sur feu moyen et portez à ébullition. Réduisez ensuite le feu et laissez cuire environ 10 minutes en remuant de temps en temps, jusqu'à ce que les betteraves râpées ramollissent mais sans se désagréger et que le liquide de cuisson soit d'un pourpre profond. Égouttez les betteraves en récupérant le liquide de cuisson dans un saladier ou un bocal résistant à la chaleur. Écrasez-les bien afin de récupérer le maximum de jus, puis laissez refroidir la préparation.

☛ Dans une casserole propre, mélangez le curcuma avec les 475 ml d'eau et les 120 ml de vinaigre restants, le reste de sucre, la seconde feuille de laurier et 5 g de sel. Faites chauffer à feu moyen 10 minutes environ, jusqu'à ce que le mélange se mette à frémir. Laissez cuire 10 minutes de plus, puis versez la préparation au curcuma dans un saladier ou un bocal résistant à la chaleur et laissez refroidir.

☛ Pendant ce temps, remplissez une grande marmite d'eau à mi-hauteur et portez-la à ébullition. À l'aide d'une écumoire, plongez délicatement les œufs dans l'eau. Réduisez légèrement le feu et laissez-les cuire dans l'eau frémissante pendant 12 minutes. Remplissez un grand saladier d'eau glacée. Une fois les 12 minutes passées, éteignez le feu et transférez les œufs dans l'eau glacée à l'aide d'une écumoire. Laissez refroidir pendant 10 minutes puis écalez les œufs. Plongez six œufs dans le jus de betterave froid et le reste dans la saumure au curcuma. Recouvrez les saladiers ou les bocaux et placez-les au réfrigérateur pendant au moins 6 heures. Plus les œufs restent dans le liquide, plus la couleur sera intense.

→

☛ À l'aide d'une écumoire, sortez les œufs du liquide et séchez-les avec du papier absorbant. Prenez bien soin de ne pas laisser les deux types d'œufs se toucher car le violet de la betterave risque de tâcher les œufs teints en jaune. Coupez les œufs en deux dans le sens de la longueur, récupérez les jaunes délicatement et placez-les dans un grand bol. Écrasez-les avec une fourchette pour obtenir une consistance aussi lisse que possible. Ajoutez la mayonnaise, la moutarde et un peu de poivre, et mélangez l'ensemble avec une maryse en prenant soin d'écraser les éventuels morceaux de jaune d'œuf restants. À l'exception des grains de moutarde, vous devriez obtenir une préparation bien lisse. Ajoutez-y le cerfeuil puis salez à votre convenance. Munissez votre poche à douille ou un grand sac congélation d'une grosse douille en forme d'étoile, puis versez-y la préparation.

☛ Dressez les œufs teints sur un plateau. Pochez la préparation à base de jaune d'œuf dans les blancs, décorez-les avec les feuilles de cerfeuil restantes et servez.

CARRÉS À LA CRÈME DE MÛRES ET D'AGRUMES

Pour 16 pièces

PÂTE SABLÉE

110 g de beurre doux bien froid coupé en petits dés + 1 noisette pour le plat

105 g de farine T55 + 1 poignée pour le plan de travail

30 g de sucre

20 g de fécule de maïs

2 g de sel

CRÈME DE MÛRES ET D'AGRUMES

225 g de mûres

60 ml de jus de clémentine frais

100 g de sucre glace

60 ml de jus de citron fraîchement pressé

10 g de fécule de maïs

1 grosse pincée de sel

2 œufs entiers + 2 jaunes, à température ambiante

55 g de beurre doux bien froid, coupé en cubes

60 g de confiture de mûres sans pépins

Vous allez peut-être vous dire « Encore une douceur colorée en violet proposée par Lady Danbury ? ». À cette question, je répondrai simplement ceci : ça vous surprend vraiment ? Lady Danbury est bien connue pour savoir ce qu'elle aime… et ne jamais s'en excuser. Voici donc, pour son plus grand plaisir, une succulente petite bouchée à la crème d'agrumes revêtant sa couleur préférée et sobrement décorée de mûres et de brins de romarin cristallisés.

Notes du cuisinier : ces petites bouchées peuvent être préparées à l'avance et conservées au frais pendant 5 jours, mais n'ajoutez les mûres et le romarin cristallisés qu'au moment de servir.

POUR LA PÂTE SABLÉE

Beurrez légèrement un plat carré de 20 cm de côté. Recouvrez le plat de deux feuilles de papier cuisson en les faisant se chevaucher et en laissant dépasser 5 cm au-dessus de chaque rebord. Mettez le plat de côté.

Dans le bol d'un robot, mélangez bien la farine, le sucre glace, la fécule de maïs et le sel. Ajoutez le beurre et pétrissez jusqu'à l'obtention d'une préparation ayant la consistance du sable. Versez la pâte dans le moule et, avec les doigts, pressez-la afin d'en recouvrir tout le fond de façon uniforme. Placez au réfrigérateur pendant que vous préchauffez le four.

Préchauffez le four à 175 °C.

Enfournez le plat pendant 25 minutes environ, jusqu'à ce que la pâte durcisse et prenne une couleur légèrement dorée (faites pivoter le plat au bout de 15 minutes afin d'obtenir une cuisson homogène).

Retirez la pâte du four et, à l'aide d'une fourchette, piquez-la sur toute la surface en prenant soin de ne pas trop enfoncer les dents. Laissez refroidir complètement sur une grille. Réduisez la température du four à 165 °C.

POUR LA CRÈME DE MÛRES ET D'AGRUMES

Dans une grande casserole sur feu moyen, mélangez les mûres avec 30 ml de jus de clémentines et faites chauffer 3 à 5 minutes, jusqu'à ce que le jus commence à frémir. Laissez cuire 5 minutes de plus en remuant de temps en temps et en écrasant les mûres sur le rebord de la casserole à l'aide d'une cuillère en bois jusqu'à ce que ce que la plupart se soient complètement décomposées.

Versez la préparation dans un chinois et récupérez le jus dans un saladier. Écrasez bien les morceaux de mûres afin de récupérer le maximum de jus. Rincez le chinois, placez-le sur un autre saladier et mettez-les de côté (vous en aurez besoin plus tard pour passer la crème au tamis). Lavez votre casserole et remettez-la sur feu moyen avec 2,5 cm d'eau. Portez l'eau à ébullition puis baissez le feu pour que l'eau continue à frémir.

Ajoutez au jus de mûres et de clémentines le sucre en poudre, le reste de jus de clémentine, le jus de citron, la fécule de maïs et le sel. Mélangez jusqu'à l'obtention d'une préparation homogène et bien lisse. Ajoutez les œufs entiers et les jaunes puis mélangez à nouveau. Placez le saladier sur la casserole d'eau frémissante et laissez cuire environ 15 minutes au bain-marie en remuant en permanence, jusqu'à ce que la préparation épaississe. Retirez le saladier de la casserole et ajoutez les cubes de beurre un par un, en mélangeant bien la crème à chaque fois. Une fois tout le beurre incorporé, ajoutez la confiture de mûres et mélangez à nouveau jusqu'à ce que la crème soit bien lisse.

Tamisez la crème en la passant au chinois. Mélangez bien la préparation puis versez-la sur la pâte sablée refroidie et répartissez-la sur toute la surface afin d'obtenir une couche homogène. Replacez le plat au four et laissez cuire 20 à 25 minutes, jusqu'à ce que la crème ait légèrement gonflé et qu'elle soit prise sur les bords tout en restant légèrement tremblotante au centre (faites pivoter le moule au bout de 10 minutes pour une cuisson homogène).

Laissez tiédir sur une grille à température ambiante pendant 1 heure, puis placez le plat au réfrigérateur pendant au moins 2 heures afin de le refroidir complètement.

MÛRES ET ROMARIN CRISTALLISÉS

- 80 ml d'eau
- 100 g de sucre
- 1 petite pincée de sel
- 8 petits brins de romarin
- 8 petites mûres

POUR LES MÛRES ET LE ROMARIN CRISTALLISÉS

Dans une petite casserole sur feu moyen, mélangez l'eau, 65 g de sucre et le sel puis laissez chauffer 2 minutes environ, en remuant fréquemment jusqu'à ce que le sucre soit complètement dissous. Versez ce sirop dans un petit bol et laissez-le refroidir complètement. Recouvrez une petite plaque à pâtisserie de papier cuisson et mettez-les de côté.

Plongez les brins de romarin dans le sirop et laissez-les tremper 5 minutes. À l'aide d'une petite pince ou de baguettes, retirez le romarin du bol (laissez égoutter l'excédent de sirop) et déposez-le sur la plaque en une seule couche. Faites de même avec les mûres. Laissez l'ensemble sécher à température ambiante pendant 1 heure. Versez le reste de sucre dans un petit bol. Roulez un à un chaque brin de romarin et chaque mûre, bien égouttés, rapidement dans le sucre. Déposez le romarin sur une assiette propre, puis faites de même avec les mûres.

Pour le dressage, utilisez le papier cuisson pour sortir la pâte sablée surmontée de crème du plat et déposez-la sur une planche à découper. À l'aide d'un couteau à dents, coupez 16 carrés. Transférez-les sur un plateau puis décorez-les avec le romarin et les mûres cristallisés. Servez immédiatement.

Lady Whistledown's
SOCIETY PAPERS
Tuesday, April 6, 1813

LES JEUX DE HASARD

LADY TROWBRIDGE :
Le Comte me tuerait s'il savait combien j'ai perdu.

KITTY LANGHAM :
Le Comte n'a que deux ans.

LADY TROWBRIDGE :
Hmm. Eh bien, on peut dire que j'ai de la chance, n'est-ce pas ?

La plupart des membres de la haute société anglaise ont plus d'argent qu'ils ne peuvent en dépenser. De ce fait, ils n'hésitent pas à parier sur absolument n'importe quoi : courses de chevaux, cartes, combats de boxe, combats de coqs, et même sur des paris idiots entre eux (qui sautera le plus loin ou qui boira une pinte de bière le plus vite). Mais vous n'avez pas besoin d'être très fortuné pour apprécier un petit pari de temps en temps. Plafonnez les sommes engagées, ou demandez à vos invités de jouer uniquement avec des centimes, afin qu'aucun d'entre eux ne finisse la nuit les poches vides. Voici également quelques propositions de jeux qui épiceront sans conteste vos soirées.

LE WHIST

Ce jeu est l'ancêtre du bridge moderne et il est de loin le jeu de cartes le plus populaire sous la Régence. Quatre joueurs s'affrontent en équipe. En commençant par le joueur situé à sa gauche, le donneur distribue les cinquante-deux cartes du paquet (treize à chaque joueur), une par une face cachée. La dernière carte, elle, est dévoilée. La couleur de cette carte retournée est celle de l'atout pour cette main. Imaginons par exemple qu'il s'agit de la reine de cœur. Toutes les autres cartes de cette couleur seront considérées comme des atouts pour toute la manche. Celle-ci se joue dans le sens des aiguilles d'une montre, chaque joueur jouant une carte de la couleur demandée en début de levée, à condition d'en avoir en main. Celui qui joue la carte la plus forte (l'as a la valeur la plus forte) gagne le pli. Si vous ne pouvez pas jouer la couleur demandée, vous pouvez poser la carte que vous souhaitez. S'il s'agit d'un atout, vous remportez le pli. Dans notre exemple, imaginons que le premier joueur joue le roi de carreaux. Le suivant joue le trois de carreaux et le troisième le six de carreaux. Le quatrième joueur n'a pas de carreau, il joue donc le deux de cœur. Le cœur étant l'atout, il remporte le pli.

Le gagnant de chaque pli commence le suivant et peut jouer la carte qu'il veut.

À la fin de chaque manche, c'est-à-dire quand toutes les cartes ont été jouées, comptez les points que chaque équipe a gagnés. Chaque pli gagné après le sixième vaut un point (les six premiers ne rapportent rien). Par exemple, si l'équipe A a remporté huit plis, elle gagne deux points ; l'équipe B, avec ses cinq plis, ne gagne aucun point. La première équipe à atteindre dix points gagne la partie.

LE VINGT-ET-UN

Les amateurs de blackjack vont adorer le vingt-et-un, un jeu particulièrement intéressant quand on est nombreux car le nombre de joueurs n'est pas limité. Le banquier distribue à chaque joueur une carte, face cachée. Chaque joueur, excepté le banquier, regarde sa carte et déclare sa mise (1, 2, 3 jetons ou plus). Quand chaque joueur a misé, le banquier regarde sa carte et choisit de doubler toutes les mises (ou pas). Le banquier distribue alors une deuxième carte à chacun, toujours face cachée. Si, à ce moment du jeu, un des joueurs a un dix et un as (totalisant ainsi vingt-et-un), il déclare un « naturel ». Chaque joueur, y compris le banquier, doit alors lui payer le double de la mise qu'il a engagée, à moins qu'un autre joueur ait également un naturel (dans ce cas, les deux sont ex-aequo).

La partie continue avec les autres joueurs. S'ils ont un total satisfaisant, ils annoncent « j'arrête ». Sinon, ils disent « carte », et le banquier leur donne des cartes, faces visibles, une par une, jusqu'à ce que les joueurs « crèvent » (total supérieur à vingt-et-un), s'arrêtent ou fassent 21. Un joueur qui crève doit remettre sa mise au banquier. Celui-ci peut également continuer de tirer des cartes pour lui. S'il atteint vingt-et-un, il reçoit le double de chaque mise faite par les joueurs ayant moins de vingt-et-un. Si un des joueurs atteint vingt-et-un mais pas le banquier, ce dernier lui remet le double de sa mise. Quand aucun des joueurs n'atteint vingt-et-un, y compris le banquier, celui-ci paye aux joueurs ayant un nombre de points plus élevé que le sien le montant de leur mise et récupère la mise de ceux qui ont un nombre de points inférieur. Les joueurs avec le même nombre de points que le banquier ne perdent ni ne gagnent. Si le banquier dépasse vingt-et-un, il paie tous ceux qui n'ont pas encore montré leurs cartes.

QUI SUIS-JE ?

Vous connaissez probablement ce jeu qui consiste à deviner le nom de la célébrité que vos amis vous ont collé sur le front. Pour une version plus bridgertonienne, demandez à vos invités de choisir uniquement des personnages de la série (membres de la famille, commerçants, chanteuse d'opéra, domestiques) ou des figures historiques de cette époque (le Duc de Wellington, Lord Byron, etc.). Divisez le groupe en deux équipes. Chaque membre de chaque équipe doit écrire cinq noms sur des morceaux de papier. Pliez chaque papier en deux et mettez tous les noms dans un chapeau ou dans un saladier. Le premier joueur de l'équipe A pioche un papier. Lancez le chrono (60 secondes). Le joueur qui a tiré le papier peut donner tous les indices qu'il veut pour faire deviner le personnage concerné à l'exception de son nom ou de son éventuel surnom. À chaque fois qu'un de ses coéquipiers trouve la bonne réponse, l'équipe marque un point. Le joueur continuera de tirer des papiers tant que les 60 secondes ne seront pas complètement écoulées. Ce sera ensuite à l'équipe B de jouer, un joueur tirant à son tour des cartes pendant 60 secondes. Calculez le score à la fin de chaque manche. L'équipe qui a le plus de points à la fin du cinquième remporte la victoire.

FIGUES FARCIES AU MIEL ET AU FROMAGE DE CHÈVRE, NOISETTES ET MENTHE

Pour 16 à 20 pièces

450 g de petites figues bien mûres (16 à 20 selon leur taille)

20 g de miel, plus un filet pour la décoration

85 g de fromage de chèvre frais à température ambiante

Sel et poivre du moulin

6 grosses feuilles de menthe fraîche

20 g de noisettes grossièrement hachées

Si les Romains considéraient les figues comme un don de Bacchus, le dieu du vin et des plaisirs charnels, ce n'est pas pour rien. Une seule bouchée de ces sublimes petits fruits au saveurs exquises suffirait à faire rougir une débutante. Mais ici, dans ce lieu de débauche, nous ne sommes pas des débutantes rougissantes ; nous sommes des femmes débordantes d'énergie qui savent comment apprécier un beau, voire voluptueux hors d'œuvre.

☞ Coupez le sommet de chaque figue (à 6 mm du haut) et, à l'aide d'une cuillère à café, évidez en partie l'intérieur de chaque fruit afin de créer des « coupelles ». Placez les grains dans une petit bol, ajoutez-y le miel et mélangez à la fourchette jusqu'à l'obtention d'une texture lisse ressemblant à de la confiture. Ajoutez le fromage de chèvre, une pincée de sel et quelques tours de moulin à poivre, puis mélangez afin d'incorporer tous les ingrédients de façon homogène.

☞ Ciselez grossièrement quatre feuilles de menthe et ajoutez-les à la préparation au chèvre. Transférez-la ensuite dans une poche à douille ou un sac congélation dont vous couperez un angle pour former un trou d'environ 6 mm. Pochez la préparation dans les figues en la faisant légèrement dépasser du sommet. Transférez délicatement les figues farcies sur un plat, faites couler un petit filet de miel dessus et parsemez le tout de noisettes hachées. Ciselez grossièrement les deux feuilles de menthe restantes et répartissez-les également sur les figues. Terminez par quelques tours de moulin à poivre et servez.

EXPRESSO MARTINI ET SIROP DE MÉLASSE

Pour 1 verre

De la glace pilée

44 ml de vodka

30 ml de liqueur de café, comme du Kahlúa, par exemple

30 ml de café froid

15 à 30 g de sirop de sucre roux et de mélasse, selon vos goûts *(recette ci-après)*

3 grains de café recouverts de chocolat pour la décoration

SIROP DE SUCRE ROUX ET DE MÉLASSE POUR ENVIRON 330 G

100 g de sucre roux

95 g de mélasse *(voir les Notes du cuisinier)*

175 ml d'eau

Du café le soir ? Cela peut sembler incongru, mais quand, à 23 heures, vous êtes en train de gagner une partie de whist et que vous n'avez aucune envie de quitter la compagnie de vos chers amis, des mesures drastiques s'imposent. Ce cocktail est la solution parfaite pour vous maintenir en forme aussi longtemps que vous l'aurez décidé.

Notes du cuisinier : avec son amertume et son goût légèrement fruité, le sirop de mélasse s'accorde parfaitement au café chaud ou glacé. Si vous avez du mal à vous en procurer, vous pouvez la remplacer par un miel au goût assez prononcé, comme le miel de châtaignier.

☛ Dans un shaker rempli de glace pilée, mélangez la vodka, la liqueur de café, le café et le sirop de sucre roux et de mélasse. Fermez le shaker et agitez énergiquement entre 30 secondes et 1 minute, jusqu'à ce que la boisson soit bien froide et mousseuse. Versez le cocktail sans la glace pilée dans un verre à martini, décorez-le avec les grains de café enrobés de chocolat et servez immédiatement.

SIROP DE SUCRE ROUX ET DE MÉLASSE

☛ Dans une petite casserole sur feu moyen, mélangez le sucre roux, la mélasse et l'eau. Laissez cuire environ 5 minutes, en remuant de temps en temps, jusqu'à ce que le sucre et la mélasse aient fondu et que la préparation commence à fumer. Retirez la casserole du feu et laissez refroidir à température ambiante.

☛ Versez le sirop dans un bocal en verre. Si vous ne l'utilisez pas immédiatement, vous pourrez le conserver au réfrigérateur pendant 2 semaines.

L'AMARETTO SOUR DE LADY D.

« J'ai besoin que quelqu'un aille
me chercher un verre de ce ratafia. »
— Lady Danbury

Pour 1 verre

44 ml d'amaretto

22 ml de bourbon

30 ml de jus de citron fraîchement pressé

7 ml de sirop de sucre *(page 62)*

1 blanc d'œuf

Des pelures de citron et des cerises au marasquin pour la décoration

De la glace pilée

Le ratafia est un type de digestif produit dans de nombreuses régions françaises, espagnoles et italiennes. Il s'agit d'une liqueur dans laquelle ont infusé des noix, des fruits, des herbes et des épices – la plupart sont aromatisées à partir de noyaux de cerises, de pêches, d'abricots ou d'essence d'amandes amères. De nos jours, il n'est pas toujours aisé de se procurer du ratafia, mais l'amaretto (ou amaro), cette liqueur italienne à l'amande amère que l'on trouve chez tous les cavistes et même parfois au supermarché, constitue un excellent substitut. L'amertume de l'amaretto est variable, alors si vous n'avez pas l'habitude d'en consommer, demandez au caviste de vous conseiller afin de rester sur une amertume modérée.

Dans un shaker sans glace, mélangez l'amaretto, le bourbon, le jus de citron, le sirop de sucre et le blanc d'œuf puis agitez pendant 10 secondes pour bien incorporer les ingrédients. Ajoutez de la glace pilée dans le shaker et agitez à nouveau jusqu'à ce que le cocktail soit bien froid. Versez-le dans un verre à whisky ancien rempli de glace, décorez-le avec les pelures de citron et les cerises au marasquin puis servez.

Bonnes adresses

Spécialités britanniques

(Pour vos moutardes, harengs, saucisses, etc.)

Marché Britannique et Irlandais de Kitty O'Shea (Kitty O'Shea's Irish & UK Market)
4692 Eagle Rock Boulevard
Eagle Rock, CA 90041
kyttyosheamarket.com

Myers of Keswick
643 Hudson Street
New York, NY 10014
myersofkeswick.com

Le Comptoir Irlandais
57 rue de Tolbiac
75013, Paris
comptoir-irlandais.com

La Grande Épicerie
38 rue de Sèvres
75007, Paris
–
80 rue de Passy
75016, Paris
lagrandeepicerie.com

Fournisseurs de thé

Rare Tea Co
rareteacompany.us

Flowerhead Tea
flowerheadtea.com

Té Company Tea
163 West 10th Street
New York, NY 10014
tecompanytea.com

Mariage Frères
35 rue du Bourg-Tibourg
75004, Paris
mariagefreres.com

Palais des thés
64 rue Vieille du Temple
75003, Paris
palaisdesthes.com

Pour les thés officiels de Bridgerton :
La République du thé (The Republic of Tea)
republicoftea.com

Fournisseurs d'épices

Magasin d'épices d'Oaktown (Oaktown Spice Shop)
546 Grand Avenue
Oakland, CA 94610
oaktownspiceshop.com

Chez Kalustyan (Kalustyan's)
123 Lexington Avenue
New York, NY 10016
foodsofnations.com

Épices Roellinger
51 bis rue Sainte-Anne
75002, Paris
epices-roellinger.com

Pour du curcuma, des clous de girofle et de la cardamome à l'origine traçable :
Diaspora Co.
diasporaco.com

Goumanyat
3 rue Dupuis
75003, Paris
thiercelin1809.com

Marchés indiens

(Pour vos fleurs séchées, épices, thés, etc.)

Douceurs et épices d'Inde (India Sweets & Spices)
3126 Los Feliz Boulevard
Los Angeles, CA 90039
–
567 South Fairfax Avenue
Los Angeles, CA 90036
indiashop.us

Super Market Bazar Velan
83 Passage Brady
75010, Paris
velan.paris

La Grande Épicerie
38 rue de Sèvres
75007, Paris
–
80 rue de Passy
75016, Paris
lagrandeepicerie.com

Ustensiles de cuisine et services

Williams-Sonoma
williams-sonoma.com

Etsy
etsy.com

Cookin' : Accessoires de gourmet recyclés
(Cookin' : Recycled Gourmet Appurtenances)
339 Divisadero Street
San Francisco, CA 94117

E. Dehillerin
18-20 rue Coquillère
75001, Paris
edehillerin.fr

Blanche patine (showroom)
29 rue des Vinaigriers
75010, Paris
blanchepatine.com

Remerciements

Mon premier et plus gros remerciement va à Susan Vu, qui est non seulement un génie culinaire mais aussi une personne si gentille et si drôle que c'en est presque trop beau pour être vrai. Nous avons eu tellement de chance que tu acceptes d'apporter à ce livre tes si nombreux talents. Merci d'avoir écrit des recettes toujours parfaites et d'avoir toujours su me remotiver avec tes petits GIF Bridgerton coquins quand j'en avais besoin. Merci également à Sarah Malarkey, Lydia Estrada, Ian Dingman, Mark McCauslin, Patricia Shaw, Jessica Heim et toute l'équipe de Random House Worlds pour voir été de si formidables partenaires. Merci à Sandie Bailey, Shuhui Wen, Leslie Bray, Catherine Yan Lustro, Jennifer Joel et l'équipe de Shondaland pour avoir créé le monde des Bridgerton et pour nous avoir invités à la fête. Merci à Brad Thomas Parsons, mon conseiller en cocktails, pour toutes ses précieuses informations et pour avoir inspiré la recette de l'Amaretto sour en page 152. Merci à Rica Allanic, de la David Black Agency, la meilleure agent littéraire du monde. Et comme toujours, merci à ma mère, MaryGael Timberlake. Quand elle a appris que je travaillais sur ce projet, elle est aussitôt entrée en action, dévorant tous les livres de Julia Quinn en moins d'une semaine. Merci d'avoir battu le record d'achat d'e-books et de livres audio afin que l'on puisse divaguer ensemble sur les glaces sexy et les tea times de la Régence. Je t'aime, maman.

— Emily Timberlake

Merci à la charmante et brillante Emily Timberlake. C'est un bonheur de travailler avec une personne aussi généreuse, dans tous les sens du terme. Je te suis éternellement redevable pour m'avoir laissé t'envoyer des sms à n'importe quelle heure juste pour que nous puissions échanger sur des idées de recettes. Je n'aurais pas pu imaginer travailler sur ce livre de cuisine avec qui que ce soit d'autre, ce sont les gens merveilleux comme toi qui me rappellent pourquoi j'aime mon travail. Je suis également éternellement reconnaissante à Sarah Malarkey pour avoir permis à ma voix et à ma créativité de briller dans les projets que nous avons montés ensemble. Lydia Estrada, merci pour tout ce que tu fais en coulisses pour nous amener à bon port. Merci à Shonda Rhimes pour avoir créé des séries dans lesquelles les femmes américano-asiatiques comme moi peuvent trouver des personnages auxquels s'identifier (Cristina Yang forever). Merci à l'équipe extraordinaire de Shondaland pour leur connaissance parfaite du monde des Bridgerton. Je n'aurais pas pu recréer ces recettes sans votre aide et vos retours avisés. Enfin, merci à Vanessa Cunto, Ali Clarke, Santos Loo et Madhuri Sharma pour toutes vos idées incroyables et pour votre soutien pendant que je m'agitais dans les cuisines de la Régence.

— Susan Vu

Index des recettes

O

P

Q

S

T

V

Index des recettes par produits

Titre original
THE OFFICIAL BRIDGERTON GUIDE TO ENTERTAINING –
HOW TO COOK, HOST, AND TOAST LIKE A MEMBER OF THE TON.

Pour la version originale

Publié aux États-Unis
par RANDOM HOUSE WORLDS,
une marque déposée de RANDOM HOUSE,
une division de PENGUIN RANDOM HOUSE LLC
New York.
RandomHouseBooks.com

RANDOM HOUSE, RANDOM HOUSE WORLDS
et le colophon sont des marques déposées de
PENGUIN RANDOM HOUSE LLC.

Avec l'aimable autorisation de NETFLIX/LIAM DANIEL
pour les photographies.

Lettrages à la page 31 par SCHIN LOONG
Illustrations des pages 14, 40, 68, 98 et 132 par VEXELS

Rédactrice en chef : SARAH MALARKEY
Rédactrice en chef de la production : PATRICIA SHAW
Assistante éditoriale : LYDIA ESTRADA
Directeur artistique et designer : IAN DINGMAN
Responsable de la production : JESSICA HEIM
Créatrice de recettes : SUSAN VU
Rédactrice en chef : ANDREA CHESMAN
Relecteurs : MARTHA SCHWARTZ, LORIE YOUNG
Rédactrice d'index : ELIZABETH T. PARSON

Pour la version française
Traduit de l'anglais (États-Unis) par AGNÈS ESPENAN

DÉPARTEMENT PRATIQUE
Responsable éditoriale : CLÉLIA OZIER-LAFONTAINE,
assistée de SALOMÉ-MARIE RAMPHORT
Mise en page : ALICE LEROY
Fabrication : LOUISA HANIFI-MORARD

ISBN : 978-2-0804-5020-3
N° d'édition : 631046
Dépôt légal : mai 2024
editions.flammarion.com

Achevé d'imprimer en avril 2024 par FLORJANCIC.